ゴミ清掃芸人の

働き方解釈

JN067050

滝沢秀一
Takizawa Shuichi

田中茂朗 インタビュー・編
Tanaka Shigeo

インターナショナル新書 075

はじめに

新型コロナウイルスの出現は世界を一変させた。

二〇二〇年は間違いなく新型コロナウイルスの年であり、それまでの生活様式や常識を強制的に変化させ、アップデートしなければ生き延びることのできない世界に様変わりさせた。

変異し続けるコロナウイルスのように我々、人間もまたそれに応じて変化していかなければならなかった。

満員電車に揺られ出社し、顧客を捕まえるためになるべく多くの人と出会い、コミュニケーションを取ることが重視されてきたが、新型コロナウイルスの出現により、それまで常識的だった働き方が許されなくなった。

しかし我々は生きていかなければならない。

在宅勤務に切り替え、家でも出来る仕事はリモートワークで対応した。

中年男性は慣れないＺｏｏｍと格闘し、部屋の中を物色された経験から壁紙の貼り方を検索する女性社員など様々な苦労話をテレビやネットニュースで見聞きした。

全然、ピンと来なかった。

ぼくはゴミ清掃員だった。

ゴミ清掃員はリモートワークとは無縁の職業だった。

遠隔で処理できるゴミなどこの世に存在しないし、むしろ外食産業がストップしているコロナ禍においてはそれらのゴミ全てが家庭に押し寄せ、それまでの労働を遥かに超える仕事量が目の前にゴミという形で積み上げられていった。

家庭から出されるゴミを摑んで、足に力を込め、踏ん張りながら清掃車に投げる。

警戒心のなくなったカラスたちが荒らした散乱した生ゴミを手で拾い上げる。

自宅療養をされている方が出したゴミは、感染リスクがあるため、細心の注意を払いながら回収しなければならない。

ぼくらゴミ清掃員に感染性廃棄物を処理できる免許を持っている者はいない。免許を持っている者がいないということは、それらの知識を持っている者がいないということである。

現場回収の者も運行管理の者も皆一様に手探りの中、ウイルスという敵と対峙しながら、ゴミを回収した。

例年、三月、四月は引っ越しシーズンなのでただでさえゴミの量は増える。その時期は毎年、辟易しながら、大量のゴミを回収するのだが、コロナ禍において外出自粛を機会に家の不要な物を全て捨ててしまおうという片付けブームの対応に追われ、我々、ゴミ清掃員はその例年のゴミの量のさらに一・五倍から二倍のゴミが集積所に出されているのを目の当たりにした。

ぼくはあまりの重労働とコロナウイルスの見えない恐怖からくるストレスで、何度も手も足も痛みを感じない機械に挿げ替え、心を無くしたロボットになりたいと願った。

ゴミを回収することによって誰かが作り上げなければならない日常に訪れた非日常に働き方改革は通用しない。

ここで最も必要なことは「働き方解釈」である。

ここでぼくが話したいのは、コロナ禍におけるゴミ清掃員としての苦労話ではなく、働くことをどう解釈するかによって、人生は大きく変わるということだ。

我々、ゴミ清掃員はコロナ禍においてもリモートワークに変更できない。それどころか仕事自体、命の危険性すらある。

そんな過酷な仕事ならば辞めればいいという声が聞こえてきても不思議ではない。実際、逃げ出したって誰も後ろ指を指すことはない。

でもぼくはゴミ清掃員を続けた。

冒頭から結論を述べてしまうので、読み進めていくうちに紐解きたいという方には不親切かもしれないが、過酷な労働から逃げなかったその訳は、ダブルワークにある。

ぼくはゴミ清掃員でありながら、二三年間お笑い芸人もやっている。

どっちが本業でどっちが副業かはぼくにもわからない。

気持ち的にやりたい方、収入が多い方、世間体など定義によってどっちが本業でどっちが副業かその時々で、入れ替わる。

ぼくとしては心底、どちらでもいい。

ゴミ清掃員と呼ばれれば「はいよ」と答えるし、芸人と呼ばれれば、これもまた「はいよ」と答える。

ぼくにとって大切なことは生きることで、仕事はそれに付随するものだと思っている。

恐らく父親の世代から眺めてみたら、理解ができないだろう。

父親はアルコール依存により入院したが、死ぬ直前、意識が朦朧とする中においても、仕事に出かけようとしていた。

アルコール依存ということも物語っているが、うちの父親は他の父親と比べて特別、真面目だったという訳ではない。愛人の影はチラついているし、バブル期にはポルシェを乗り回していた。だからといって我が家が大金持ちだったかと言われれば、そんなことはなく、どちらかと言えば、ボロアパートに住む貧困層だった。

うちの父親は不動産業だったので、直接的に時代に翻弄された。

景気が良ければポルシェ、悪くなれば借金といった具合に浮き沈みの激しい人生だった。

そんな父親が死ぬ直前、目に飛び込んできた光景は、病床で仕事に行こうとして、母親に怒鳴られている姿だった。それを見て、ぼくは仕事というのは洗脳だなと思った。

宗教と言ってもいいかもしれない。

先代のもたらした仕事論というのは多大な功績を残した一方、過労死やノイローゼ、数多くの自殺者をうんでいる。

高度成長期を支えた大量生産、大量消費が「美徳」とされていた時代や会社の面接に行ったただけで一万円が貰えたバブル期ではない現代で、病床に伏しても尚、仕事に向かう暴力的な情熱が必要なのだろうか？　とぼくは考える。

仕事という名の絶対的な教祖から洗脳を解くには働き方改革よりも働き方解釈が必要なのではないかと思う。

何故なら働き方改革は構造自体を改革するものではあるが、法の抜け道をかい潜る輩は間違いなく現れる。法に守られている実感は日々あるが、しかし法がぼくの全てを守ってくれるとは思えない。

学生の頃、働いていた居酒屋で店長が労働基準法に触れるからと自分のタイムカードを押さずに無償で働いている姿を見ている。店長は目の下にクマを作り、意識朦朧としながら、料理やドリンクを運んで、閉店したら半分眠りに落ち、売り上げの計算をしていた。間違いなくこの店長の上司はこの事実を知っているが、見て見ぬふりをして、タイムカードを押さないよう言葉にせず目で、圧力をかけていた。タイムカードを切っていることによって、法律上、店長はここに存在していないことになっている。ぼくは居酒屋の店長に父親の姿を見たような気がして身震いした。今から二〇年ほど前の話だ。今はもっと厳しくなっているだろうが、こういった類いの話は世の中に掃いて捨てるほどあるだろう。

この場合、会社は法を守っているが、社員は守っていないことになる。会社というのはいざという時に何を守るかといえば、法を守る。当たり前だが、決して社員を守らない。会社を存続させることが最優先事項なので、時代に即していこうとしない企業に勤める人なら、誰しもが理解している。

法律が守ってくれないのならば、どうすればいいかというと、働き方を自分で解釈する力を身につけ、次の新しい形に移り変わろうとする会社の本質を自分の目で見極め、迫りくる選択を取捨するしか身を守る方法はないのではないかと思う。

見極めるためにはぼくが偶然手に入れたダブルワークが様々な利をもたらす。

洗脳を解かなければならないと言っているが、実は若い世代というのはそもそも洗脳されていない。なので今書いてきたような文章を読んでも、何でそんな目に遭ってまで仕事をするの？　と思うかもしれない。

先日、二〇歳の男の子と話をしていて当たり前のように「社会の役に立っている会社で働きたいです」と言った。

イケイケの会社という勝ち馬に乗りたい、入れてくれではなく、雇用される側が雇用する側をきっちりと見極めている言葉だと思った。立派だなと思う前に、ぼくは「なんで?」と思ったが、冷静に考えてみるとお金とか意義とかではなく、働く前から彼は働くことへの解釈を身につけていると思った。働く基準が金銭だけではない彼はブラック企業を回避する力をすでに持っている。

なので問題は若い人への教育ではない。

どちらかというとぼくら周辺の世代から上の世代で、働き方解釈と聞いてイコール根性論なのではないかと懐疑的に思っている方は気付かぬうちに仕事という宗教に洗脳されている。

若い人でもぼくの父親世代の人の仕事論の影響を受けている可能性は高い。

要は最も大切なことは後述するセレンディピティである。

セレンディピティとは何か?

セレンディピティ力がつけば、仕事はおろか人生すらも自分にフィットした解釈がどの場面でも可能になる。

……といったことを以前、ライターの田中茂朗さんに話したところ「本にしましょうよ、取材させてください」と言われ、この運び となった。

何でも話してみるものだ。

これから書かれている本文はぼくが答えたインタビューをもとにライターの田中茂朗が書いている。

つまり田中茂朗さんとぼく、滝沢秀一の共作となっている。

インタビューではあるが、読者が読みやすいように一人称形式で滝沢が主人公となって話を進めている。

石原慎太郎氏が田中角栄を主人公に一人称で書いた小説『天才』みたいなものだ。

こちらのライターの田中氏は五九歳で親父が生きていたら、わりと近い世代の同じ時代を生きた方なので、その時代から受けた影響は避けられないが、別の立場の仕事論を持っている。

つまりこの本はぼくの親父とそれとは明らかに違う若い世代の間に挟まれたぼくの仕事論と、父親の世代の仕事は這ってまで行くという仕事論を掛け合わせたものを一人称でまとめたものである。

インタビューをまとめた田中氏の原稿を見て、知らなかったこと、ぼくとは違う考えのものもあった。

この原稿を解釈することもまた仕事であり、いつ何時も必要な力はやはり解釈力だと再認識して、この『ゴミ清掃芸人の働き方解釈』をはじめたいと思う。

目次

はじめに 3

第一章 ダブルワークの事情 19

ダブルワークを始めた理由
妻の妊娠でゴミ清掃員を副業に
社会のダブルワーク観
新型コロナウイルス禍で変わった労働事情
副業はかっこ悪い？
本業で成功するとは限らない
リモートワークとエッセンシャルワーク
仕事自体が形を変える場合もある
収入で能力や人間力は測れない
偉い人はほとんどが一発屋!?

第二章　労働をどう解釈するか

ゴミ清掃員兼ボクサーやら、兼役者
ミュージシャンとのダブルワークの場合
コロナ禍のゴミ清掃員
感染リスクより恐ろしいのは金がないこと
アルバイト三五歳の壁を越えて
日本一のゴミ清掃員を目指す
大切なのはとりあえず生きてみること
ダブルワークのデメリット
ダブルワークの時間管理
人間はなぜ働かないといけないのか
お笑いで売れることはないとわかったとき
何がしたいかより、自分には何ができるか

第三章　自己肯定という解釈力 77
『納棺夫日記』の著者との共通点
二種類のダブルワーク
人生のポートフォリオをつくってみる
自己肯定という解釈力
やらなければいけないことを後回しにする
ゴミ清掃員の副業
撃ってから狙うというスタイル
コロナで状況が一変、適応能力で乗り切る

第四章　財産は先輩たちの言葉 97
感情が揺れないと生きていけない人たち
マシンガンズのネタというと
ネットでたたかれて

得にするための解釈
肥後リーダーの「ニヤニヤして戻ってこい〜」
有吉さんの「最後に売れればそれでいい」
上島竜兵さんの「もっと自分のいる世界を信じろよ」
志村けん師匠の「好きじゃなきゃ」
ビートたけしさんの「いいところ見つけて、テキトーに稼げよ」
一貫性より「生き抜く」ことが大事
肥後リーダー究極の三文字
今田耕司さんの「どんなときも笑っとったらええねん」
松村邦洋さんのお母さんの言葉

第五章 セレンディピティという視点

セレンディピティとの偶然の出会い
副業と本業がひっくり返ってから
ゲームもすすんでやるから楽しい

町の日常は誰かがつくっている
父親のこと
人のために働くということ
アルゼンチン人女性ドライバー
逃げる形でのダブルワークもあり
働く理由は美しい

おわりに 166

参考文献 174

第一章　ダブルワークの事情

ダブルワークを始めた理由

まず今、ぼくが置かれている状況を説明しておきたいと思う。

今ではそんなに驚かれなくなったが、二〇一八年に出版した『このゴミは収集できません』（白夜書房）でマシンガンズの滝沢秀一がゴミ清掃員を本業でやっていると話すと意外な反響があった。

ぼくとしては本を出版しませんかといわれたので、ただの小遣い稼ぎとしてアルバイト感覚で執筆した。

マシンガンズがゴミ清掃員をやっているということ自体も驚かれたが、他にもあった反響で意外だったのは「ダブルワーク」をこなしているということだった。

ダブルワークってどうですか？　大変ですか？　と意外な取材が多く、はじめの頃はそんな企みがなかったので、戸惑ったものだった。

ぼくの感覚からするとその時点でゴミ清掃員が本業であるという心意気はあるが、ダブルワーク自体は売れていない芸人ならば全員やっているはずだ。

ただどっちが本業でどっちが副業だという考え方の違いで、多くの芸人は本業が芸人ではあるがそれだけでは食べていけないので副業として道路工事やウーバーイーツ、テレアポなどの仕事をしている。

ぼくが他の芸人と唯一違うと思っているのは、本業がゴミ清掃員で、アルバイトで芸人をやっているという点だ。

他の著書でも述べているので簡単に話すが、このダブルワークというものが気持ちの逃げ道を確保できるので、精神衛生上、ぼくにとっては手放せないものとなっている。

お笑いの舞台で余計なことをいって壮絶な滑り方をしても、「ま、明日ゴミ清掃頑張ればいいか」と自分を励ますことができるし、ゴミ清掃のほうで不愉快になるほどのマナー違反のゴミの出し方をされても、腹立ちを舞台で喋ってやろうとメモを取るので、その場の怒りは収まる。

今ではこうやってゴミ関係の書籍を出版したのは文庫本を合わせるとこの本で一二冊目になる。

それほど腹の立つことや清掃員として苦労してきたこと、またはゴミ清掃員から見るゴミ問題、その先にある環境問題に興味を惹かれ、世の中の人に伝えたいことが山ほど出来た。

この本の働き方という点でも多角的に本書で述べていくが、もしぼくがあのときに、ゴミ清掃なんて嫌だよとお笑いにしがみついて、入ってくるかどうかわからないお金をあてにして芸人の仕事だけをしていたらどうなっていただろう？

ゴミ清掃員になってから今日までの間、断ったお笑いの仕事はないので、ブレイクしたということもないように思える。

つまり覚悟を決めてゴミ清掃員にならなかったならば、今この本の第一章を執筆していないことになっただろう。

妻の妊娠でゴミ清掃員を副業に

ただしここでひとつのポイントがある。

ぼくは芸能界の仕事を増やしたくて、ゴミ清掃員になったわけではない。

つまりゴミ清掃芸人と名乗りたくて、自ら前のめりでゴミ収集という世界に飛び込んだわけではない。

妻が妊娠してその出産費用がなかったため、泣く泣く芸人以外の仕事に就いたというわけだ。

簡単にいうと芸人が、お笑いだけではご飯が食べられなくなったのでアルバイトを始めたまでだ。

　その経緯は次章以降で詳しく述べることにするとして、ダブルワークをする芸人がなぜ注目を浴びたのかというと、ぼくが本を発売する少し前の二〇一八年一月、厚生労働省が、モデル就業規則を改定し、労働者の遵守事項の「許可なく他の会社等の業務に従事しないこと」という規定を削除し、副業・兼業について規定を新設している。新しいガイドラインを制定し政府がダブルワーク、副業を推奨し始めたタイミングだった。

　その年の九月に『このゴミは収集できません』を発売し、ゴミ清掃員が本業でお笑い芸人を副業でやっています、と言うものだから、各社からダブルワークで働くというのはどんな感じですか？　という取材が殺到した。

　図らずして、ということだった。

　ただ、芸人の世界にずっといたので、ダブルワークが推奨されるようになった世の中で社会がどのように動き、一般の人がどんなことを考え、何に悩んでいるか、それはまるで知らなかった。

　ぼくは今まで狭い世界にずっといたのだなと思った。

　確かに芸人としてだけ生きていくのならばその知識は必要ないのかもしれないが、一般の人が現在、どのようなことで悩んでいるのかを知ることはプラスにこそなれ、芸人としても決してマイナスにはならないように思える。

他にもゴミ清掃員になって喫煙所でベテラン清掃員たちが税金や保険、老後のお金に悩んでいる話を聞くことができ、質問できたのも芸人の世界にだけいたら、聞く機会がなかったかもしれない。

社会のダブルワーク観

ダブルワークの良さはこの本で徐々に述べていくとして、一方でダブルワーク自体に眉をひそめる者もいるというのは事実だ。

実際、中小企業庁の調査によると（「兼業・副業に係る取組み実態調査」二〇一四年）、兼業・副業を認めていない企業は八五・三パーセントと現実的には認めている企業は圧倒的に少ない。

確かにそれはそうだろう。

就業中に眠い顔や疲れた顔をして、凡ミスを繰り返せば、他の仕事が原因で集中できないのだろうと上司や周囲も思うだろう。

この会社だけに全精力を捧げてほしいと願う気持ちも前時代的だとは思うが、気持ちはわかる。

会社の情報が漏洩するかもしれないという理由もあるだろう。

しかし八五・三パーセントは高すぎるような気がする。

やはりダブルワークというものは従来の日本社会では、一般的に奇異なもの、特殊なことのように思われてきたはずだ。

「わしは、これ一筋！」という達人や名人が数多く存在するのも事実だ。

しかしそういった達人たちも、一日二四時間ずっとひとつのことに打ち込んでいるわけではない。家事や育児もするし、眠ったり、食べたりもする。

ぼくだって、仕事以外の時間は家で父親や夫の役割をこなしている。そして眠ったり、食べたりすることも家事や子育ても生きていく上では仕事同様重要な作業だ。

お笑いの仕事がない日（つまりゴミ清掃員として働く日）のぼくは次のように一日を過ごしている。

まず午前五時に起床。そして、午前六時三〇分にゴミ清掃の会社に出社すると待っているのはアルコールチェック。ドライバーだけではなく、作業員もアルコールチェックを受ける。運転はしないが住民の方としゃべる機会があるので酒臭いのはまずいという理由からだ。

午前八時からその日の現場で回収作業を開始する。

誰もが知っている例のゴミ回収車が満タンになると清掃工場に一度戻って、車を空っぽにして次の現場へ行く。これを午前中に四回繰り返す。昼の休憩は一時間。午後にゴミ回収車をもう二回満杯にするとその日の仕事が終わる。時刻は午後三時過ぎぐらいだ。つまり午前に四時間、午後に二時間近く働いている。実労は約六時間だがその間ほぼ走りっぱなしだ。それから家に帰るのは夕方五時前後になる。

仕事から帰った後は、子どもを保育園や学童に迎えに行く。それからは家で過ごす。家事や子育てをこなしながら、子どもたちが寝るまでは家庭人・滝沢秀一として存在している。子どもたちが寝た後は本やブログの執筆、また、何か長期的な目標を立てて勉強しているテーマがあれば、それに時間を費やす。

自分としては、ゴミ清掃も含めて、もっと仕事に時間を割きたいという気持ちもある。しかし家事や子育ても重要なので二二時までは父親の顔でいる。ただ子どもたちがなかなか寝ようとしない時は早く寝なさい、と教育パパのフリをして自分の時間を確保する。

まあ、よくある日常だ。誰でもこんなものだろう。しかしこの誰もが過ごす当たり前の毎日に大きな変化を与えたのがコロナ禍だ。日本経済新聞電子版（二〇二〇年五月八日）が次のように伝えている。

厚生労働省が8日発表した3月の毎月勤労統計調査（速報、従業員5人以上）によると、残業時間を示す所定外労働時間は10・1時間と前年同月比で7・4％減った。比較可能な2013年1月以来、最も大きい減少幅となった（中略）

新型コロナウイルスの感染拡大で経済活動が収縮し、働く時間を減らす傾向が広がり始めた（後略）

コロナ禍でリモートワークが増え、サラリーマンの人たちが家で過ごす時間が増えたことは知っていたが、残業時間が減り、労働時間そのものが大幅に減少していたのだ。これには、コロナ禍以前から「働き方改革」で残業時間の上限が厳しく制限されるようになったことも大きく影響している。残業時間の上限を原則として月四五時間、年三六〇時間までと定めた「時間外労働の上限規則」が二〇一九年四月に施行され、中小企業でも翌二〇年四月から適用されるようになったのだ。

新型コロナウイルス禍で変わった労働事情

お笑い芸人兼ゴミ清掃員であるぼくに直接の影響はないが、サラリーマンの一日は確実に変わったはずだ。またその変化はこれから、さらに大きくなっていくだろう。日経電子版の記事にあるように残業時間が前年同月比で七・四パーセント減って一〇・一時間（六〇六分間）になったということは、一時間近く労働時間が減ったということだ。問題は、この一時間を自分の生活の中で、いかに有効に使うかだ。

もちろんどう使うかは個人の自由だ。例えば、仕事の時間が減った分を家事に回すのも賢明な選択だ。そして、ダブルワークを始めるにも絶好の機会だと思う。

実際にそう考える人たちが増えている。厚生労働省の発表によれば、二〇一七年の時点でダブルワークを実践している人は全就労者の二・二パーセント（これは堂々と「自分は副業を持っています」と宣言している人たちなので実際はもっと多いだろう）。一二年の移動調査から〇・四パーセント増加しているのだ。

一日二四時間をどう使うかは大きく考えれば自分の人生全体をどうデザインするかにも

繋がっていく問題だ。そして残業時間が減少している現代日本ならば、ダブルワークは間違いなく選択肢の一つとなるはずだ。

ＯＥＣＤ（経済協力開発機構）の発表によると、二〇一八年に三カ月以上滞在する予定で日本に来た外国人は五〇万人を超えた。日本の政府は「移民」という言葉を使わず「技能実習生」という曖昧ないい方をしているが、世界から見れば立派な移民大国にあたる。

その証拠にドイツ、米国、スペインに次いで世界四位の数字である。

今も増えつつあるが、この数字を見るとまだまだ増える可能性がある。ぼくが働くゴミ清掃の世界でも外国人労働者が数多く働いている。これからもゴミ清掃業界には外国人の清掃員が増えるだろうと予想できる。外国の人も日本で生活するなかでゴミを出すだろうし、エッセンシャルワーカーとして働く人が出てくるのも自然な流れなのかもしれない。

日本の社会全体を考えれば、外国人労働者の増加によって今後、急激な変化に直面することは避けられないだろう。それは否応なしの変化である。

例えば第二次安倍政権で始まった国家戦略特区構想の規制改革メニューには「外国人家事支援人材の活用」が掲げられている。この本の共著者であるライターの田中さんが教えてくれた。

要するに家事支援サービスに就く外国人を増やすことを目指しているわけで、すでにパソナなどの人材派遣会社がこのビジネスに参入している。

国家戦略特区構想では金融関係などの外国人エグゼクティブが多く日本に住むことも目標としているので、まずは、そういった家庭に向けて家事支援サービスを行うことを想定しているはずだが、そのトレンドは間違いなく一般の日本人家庭にも波及する。フィリピン人による家事支援サービスは、世界的に見ても評価が高いそうだ。

外国人による家事支援サービスを利用するようになれば、それによっても日常は大きく変化するだろう。これまで家事に割いていた時間を、別のことに使えるようになるということだ。つまりここでもダブルワークの可能性は大きく広がることになる。

変化は確実に始まっている。

ぼくたちの日常は、一日のスケジュールをどう組むかという根本の部分から大きく変わるのである。

副業はかっこ悪い？

しかし先ほども述べたが、企業側の八五・三パーセントは副業を許していない。

働く側、そして日本人全体に副業を「かっこ悪い」「恥ずかしい」と考える傾向があるのかもしれない。ひとつのことをやり遂げないと負けのようなイメージがある。いずれでも副業を持つことは「貧しさ」と直結して考えられてしまう。

ぼくもゴミ清掃員になったきっかけは貧しさだ。しかし副業にしても一つの職業を持つにしても、働くきっかけとしては、生まれ持った金持ち以外はまずは生活費のために働く。

では副業というものの定義を調べてみよう。

副業とは、収入を得るために携わる本業以外の仕事、とネットで調べると出てくる。ダブルワークも同じような意味で他には兼業とかサイドワークと呼ばれ、これの対義語として「本業」という言葉が使われる。

また本業の就業時間以外に、夜間や休日に働く仕事とも定義づけることもでき、不足分を補うための仕事ともいえる。

こう考えると本業かどうかは自分の気持ちを置いておいて、あくまで収入を補う方を副業とするのならば、少ない芸人の仕事の収入の方がアルバイトのような金額になるので、ぼくがアルバイトでお笑いをやっているといってもまんざら間違いではない。

ぼくの場合、ゴミ清掃員が本業でアルバイトでお笑いをやっているのだと、清掃員の仲間にいってもなんら恥ずかしくない。

これはもうすでに有名な話であるが、東京・目黒にあるミシュラン一つ星イタリアン「ラッセ」のオーナーシェフ・村山太一氏は、サイゼリヤでアルバイトをしている。これも一種の副業であるが村山氏は同業のファミリー向けのレストランを選んでいる。

理由を尋ねられると自分の店だけだと世界がそれだけになってしまい、お客さんに十分なサービスができないのではないかと考えて、大企業はどんなサービスやマニュアルを作っているのだろうと勉強しにいくという。

これは料理を作る、お客さんにもっとよりよいサービスを提供するという向上心がそこに見える。仕事に対して情熱がありかっこいいと思う。

村山氏は導線の確保の仕方や料理の簡略化、一人で多くの席を担当しなければいけないが、それを可能にするマニュアルを完全に覚え、使いこなすことによって、自分の店にその技術を応用しているという。

このように副業も選びようによっては双方にとってプラスになる働き方がある。偶然にもぼくのゴミ清掃員と芸人という相性も時間をかけて少しずついいものに変えていった。

金だけではない目的が加われば、ダブルワークも人生を豊かにする何かの広がりをみせるきっかけになるかもしれない。

ダブルワークにはいくつか注意点がある。

もうひとつの仕事で、労働時間が週に二〇時間以上、そして継続して三一日以上雇用される場合には、雇用保険の加入対象となる。

そして厚生年金保険や健康保険の適用条件は就業先ごとの判断なので、確認をする必要があり、八五・三パーセントの会社が副業を許さないといっているようでは、なかなか難しい。

さらに副業の所得が年間二〇万円を超える場合には、確定申告をしにいかなければならない。本業だけだと会社が全てやってくれるが、副業を始めるとその分は自分がやらなければならない。ちなみにぼくは芸人の方の収入もゴミ清掃員としての収入もどっちも確定申告に行っている。

会社員の住民税は「特別徴収」といって、税務署から通知された税額を会社が給与から天引きし、納税者に代わって各市区町村へ納める。つまり会社が全てやってくれる。副業をやっていると副業先からの所得を合算して計算された税額が『会社』に通知されてしまう。このときにだいたい副業していることがバレてしまうので、ダブルワーク禁止の会社の人は気をつけるようにしてほしい。住民税を納税者が自分で払う方法もあるらしい。調べてみると副業先の住民税の特別徴収を避けて、普通徴収を選択するということも可能な場合があるので、バレたくなければ、副業先や自分の住んでいる市区町村に確認した方がいいだろう。

こんなにこっそりやらなければダブルワークってできないのかよ、じゃあ面倒臭いからやらないよ、と思うかもしれないがそれならば手っ取り早い副業がある。

メルカリや、ブログ、ＹｏｕＴｕｂｅなどで収入を得るという方法は今、述べたようなことで会社にバレにくいとも聞く。

ぼくの友だちも昨今のＹｏｕＴｕｂｅブームにより他人の動画の編集作業をこなすというアルバイトをしていて、月に一〇万程度になるというツワモノもいる。

みんないろいろな方法でお金を稼いでいるのだなと思う。

本業で成功するとは限らない

これだけダブルワークを勧めているぼくではあるが、実のところ、最初に職場に行った時は非常に緊張した。当然だ。どんな雰囲気なのかもわからず、周りがどんな価値観を持っている人たちなのか見当もつかないところで働くのだ。そしてそれまで経験したことのない仕事が待っている。

そんな現場に、ぼくは否応なく飛び込んだわけだが、今になって思えば思案、逡巡の余裕がなかったことは幸運だった気がする。もう少し余裕のある人は「ダブルワークを始めよう」と思っても、新たな環境に飛び込むことをためらったり、断念してしまったりする人も多いかもしれない。誰にとっても新たな環境は負担である。

しかし、現実にその環境に飛び込んでみると、ぼくの場合は馴染むことにそれほど時間を要しなかった。というか、それしか生きていく道がなかったのだろう。今は楽しく同僚と働き、充実した日々を送っている。

そうしてゴミ清掃員として働きながら、ぼくはその現場で体験することを本などの形で表現するようになった。そもそもゴミ清掃員になったことが切羽詰まっての結果なのだから、全く予想すらしていなかった幸運だ。この幸運は、新たな職場に飛び込んでいけば誰にでも起こり得ることだと、ぼくは思う。

もちろん、飛び込んだ先が箸にも棒にもかからないブラック職場だということもあるだろう。だったら、それこそ本業ではないのならばすぐに辞めればいい。確かに逃げ足はしっかり鍛え、危ないと思ったら頭で考えるより先に足を動かせるような体勢は取っておいた方がいい。そしてまた落ち着けば新たな職場を探せばいい。

本当にやりたいことが本業として成功するとは限らない。

プロゴルフの世界で一時代を築いたジャンボこと尾崎将司さんも、プロレスの世界で昭和のアイコンとなったジャイアント馬場さんも元プロ野球選手だ。しかし、最初に飛び込んだプロ野球の世界では残念ながら成功することができなかった。そして、模索した「新たな職場」で大きな成功を手に入れたのだ。前職がクビになったのならば仕方がない。違う仕事をするしかないのだ。

リモートワークとエッセンシャルワーク

ぼくはリモートワークとは無縁のエッセンシャルワーカーだが、コロナ禍でリモートワークが普及したことも大きな変化に繋がる気がしている。というか、日本人の仕事に対する考え方が根本的に変わるのではないかと感じている。

リモートワークの普及で管理職のポストが減っていると聞く。そして家でパソコンに向かって仕事をする機会が増えたことで「なんだ、これでいいのか」と感じている人が多いのではないだろうか。出社しなくてもいい、だからスーツを着る必要もない、Ｚｏｏｍで会議をする予定がなければヒゲを剃る必要もない。女性ならば化粧に気をつかわなくてもいい。コロナ禍一年目の新入社員はこれが当たり前と思うかもしれない。長年勤めている人はなんだか拍子抜けしたように感じている人もいるはずだ。これまで「仕事をするなら、こうでなければ」と無条件に受け入れていた根本の概念が崩れたのである。

こういった状況は、確かにダブルワークの可能性を拡大するが、そもそも、今まで本業と考えていた仕事も副業に思えてくるのではないだろうか。お笑い芸人だって、ネット配信のライブばかりしていたら、またそれはそれで違う「競技」であるし、舞台に立って客前で笑わせるのとは少し技術が違うので本業とはいえないかもしれない。多くのＹｏｕＴｕｂｅｒが別の仕事を持っていることも理解できる。どんな状況になろうとも対応しようとしているのだ。この場合どちらが本業かよくわからない。

人と会わずに仕事をするというのは、多分、いくつもの顔を使い分けることを可能にするはずだ。リアルな空間で人と接すれば、どうしても自分の素顔や地の部分を曝すことになる。一方、リモートワークでは、ひとつの役割を演じることが重要になる。そして、その顔の数だけ、いくつでも仕事を持てるようになるかもしれない。そうすれば、もはや全ての仕事が副業になるだろう。全ての仕事が副業ということは、全てが本業ということでもある。

ちなみにぼくは芸人生活を二三年やっているのでひとつの大きな仕事が終わったらまた次の大きな仕事に向かってプロジェクトを進めるような感覚なので本業というような感覚はあまりない。ひとつ仕事をこなし、次の仕事をこなす。そしてその度にお金をもらうので、やはりここはプロジェクトというい方でいいだろう。

また、リモートワークの普及は、「一日のスケジュールの組み方」にも大きな影響を与えるはずだ。例えば、子どもがいて夫婦共働きの世帯で、夫も妻もそれぞれリモートワークということになったら、子育てや家事の分担をこれまで以上に厳密に決める必要に迫られるだろう。これは新しい日常を創造する絶好の機会かもしれない。

そして、リモートワークで欲求不満を感じることがあれば、即、もう一つの仕事を探してみるのはいいことだろう。

仕事自体が形を変える場合もある

自分のこだわっている仕事そのものが形を変えなければ生き残れない場合もある。

日本の家といえば畳だったが、需要は減少を続けている。

そこで全国畳産業振興会は対策を練った。「畳の素材を使ってネクタイを作るのはどうか？」という意見が出た。畳の素材は涼しげだし、昨今のクールビズにマッチするのではないかということらしい。ここら辺の知識はインタビュアーの田中さんに教えてもらった。また「ワンボックスカーの内装に畳を敷くのはどうか？」という意見もあった。

これらの意見に対しては職人気質の人たちから「そんなの邪道だ！」という反対が根強く、実現には至らなかったが、さらに検討を続けた結果、「畳ドクター」という新たなビジネスモデルが生まれたのだ。まず、熟練の畳職人が家庭の畳を色具合や質感の変化などから「新品の色合い」「このままお使いください」「直ちにお取替えください」といった具合に段階を分けて診断する。その際に詳細な「畳カルテ」も作成する。これで畳の需要を増やそうという企画だ。

この「畳ドクター」は評判を呼び、日本パブリックリレーションズ協会が毎年行っている「ＰＲアワードグランプリ」のソーシャル・コミュニケーション部門で最優秀賞も獲得している。

多様化が大きな成功をもたらした例として大塚製薬の「ポカリスエット」がある、と田中さんは指摘する。医療現場で使われる点滴液を製造していた大塚製薬が「これを飲料にして売り出そう」と考えたのだ。その結果は大ヒット。ポカリスエットに続けと他の飲料メーカーも同様の商品を次々と発売し、現在ではほぼ全ての自動販売機で点滴液や生理食塩水がベースのスポーツ飲料が売られているほどだ。

新たな可能性は、今限界を感じている仕事の中に埋もれていることもある。

当然、畳職人の腕が落ちたから畳の需要が減ったというわけではない。そういう時代なのだ。しかしそれに対応していかなければならない。

収入で能力や人間力は測れない

「わかりますか、滝沢さん?」と田中さんがいう。

何かと言うと、死ぬまで働き続ける人が増える一方で「アーリー・リタイア」という言葉が注目のキーワードになっているとのことだが、これは定年まで待たずに仕事を辞める早期退職のことだ。

格差拡大を示すのだろうか、資産運用しながら余生を送ろうという人たちも中にはいる。

「ファイヤー」と呼ばれる人たちも増えている。セミリタイアをして投資で生活をしていこうという人たちだ。日本だけではなく、世界中で多くの人たちが仕事に縛りつけられたくないと思っているのかもしれない。当然そうだろうなあと、ぼくも思う。

四〇代、五〇代でなく、三〇代でアーリー・リタイアする人も増えているようだ。投資や資産運用で豊かな余生を送るなら、それなりの資金を貯めなければならないはずで、そのために「三〇代までは人の二倍、働こう」と考えて実行した結果ともいえるかもしれない。

うらやましいと思う気持ちもあるが、これも人生の時間をどう使うかということで、その人の自由の問題だろう。もちろん死ぬまで働き続ける人がいる一方で、三〇代で投資家生活に入る人も存在する。それぞれの人生を考えてみると「若い頃は儲かっていたけれど、中年以降はサッパリ」というケースもあるだろうし、その逆の人もいるに違いない。ぼくなんて芸人をやっているからあの時は儲かったけれども、二年前はさっぱりだったなんていうこともある。

ぼくより上の世代の人がよくバブル時代のことを自慢するが、それはバブルという潮流に乗って謳歌しただけの話であって自分に実力があったかどうかはわからない。ぼくらと同じ時代に生まれてぼくらと同じ仕事をしていたら給料も同じだったはずだ。収入で能力や人間力を単純に測ることはできない。

偉い人はほとんどが一発屋!?

芸人の世界には一発屋と呼ばれる人たちがいる。一発も当ててないぼくからすれば羨ましい限りだが、世間的には可哀想な扱いを受ける。あるギャグで一時は突発的に露出するが旬を過ぎるとテレビにあまり出なくなるというケースだ。地方の営業などで多くの収入を得ていてもテレビに出ていないということで哀れに思われることもある。しかし今ここでいいたいのは一発で当てた人を見なくなったからといって可哀想な目で見るなということではなく、世の中の偉い人はじつはほとんどが一発屋なのである。

考えてみればノーベル物理学賞を受賞するような世界的科学者も、芸人に置き換えてみればすべて一発屋である（少々、乱暴だが）。

世紀の発見をしたからノーベル賞を贈られるのであって「世紀の発見」は一生のうちに一度あるかないかのものである。

そう考えると特殊相対性理論に続いて一般相対性理論を発見したアインシュタインと、お笑い界では志村けんさん。バカ殿、ひとみばあさん、変なおじさん……と次々にギャグをヒットさせた志村けんさんの偉大さはアインシュタインに匹敵するのではないかと思っている。

現代は昔と違い、年功序列制度も崩れ格差も広がっている。働き方は多様化し、生活スタイルも個性が尊重されるので右にならえという時代でもなくなった。

昔のようにひとつのことをやり遂げるというばかりでなく、さまざまな想定をした人生を送ってもいいのではないのか、とぼくは思う。

第二章　労働をどう解釈するか

ゴミ清掃員兼ボクサーやら、兼役者

前章で、ぼくがゴミ清掃員になった動機は出産費用を稼ぐためで、はじめはアルバイト感覚で働いていたことを述べた。また、当初は自分の本業はあくまでもお笑いで、ゴミ清掃員は副業にすぎないという意識だったので、本当に辛かった。

ゴミ清掃を始めるまで朝五時に起きたことは当然ないし、むしろ芸人は酒を飲んで値打ちが決まるとすら思っていた人間なので、外で飲んできて朝五時に寝ることが当たり前だった。

芸人はしゃべりを鍛えることが客に対しての礼儀であって、そこさえ真摯《しんし》に取り組んでいれば体のことなどどうでもいいと思っていた。

むしろ不健康なくらいの方が芸人としては正しい姿だと勘違いしていたので、酒は浴びるほど飲むわ、タバコはチェーンスモーカーだわ、食生活のことなど一度も考えたことがなく、体の不調も客前で話して笑えばそれでオッケーだと思っていた。

なので、ゴミ清掃を始めた当時は体が悲鳴をあげた。

第一章で述べたようなスケジュールなので、六時間走りっ放し、ドライバーによっては体育会系の人もいるし、一緒に働いているなかにはプロボクサーもいて、ぼくと同じように副業でゴミ清掃員をやっている。このボクサーというのがなかなか厄介で、ゴミ収集の作業をトレーニングとして利用している。彼が信じられないスピードで走っている後ろを、ぼくは必死に腿をあげ、ついていった。彼らはお金を貰いながら、体を鍛えられるという一石二鳥を手に入れられるが、昨日、一昨日まで酒はあらゆる種類を飲み干していた人間としてはなんとも迷惑な話だった。そのドライバーはそのボクサーのスピードが標準になっていてまるでぼくがサボっているかのような顔をしていた。

ゴミ清掃の仕事にはぼく以外にも副業として作業員やドライバーを選んでいる人は大勢いる。

いちばん多いのは劇団員や演出家である。やはり役者というのもどこで区切りをつけていいのかわからないのか定期的に公演をうちながら、ゴミ清掃員として働いている。役者には身体的な衰えが大きく影響するわけではないので若いうちだけが役者ではなく四〇代には四〇代、六〇代には六〇代の役柄があるので、辞めるきっかけがないと笑っていた役者兼清掃員がいた。

そして、次に多いのはボクサーだ。

ボクサーという仕事も過酷な職業で清掃員の中には日本チャンピオンのボクサーもいる。

その階級では日本でいちばん強いというのに、日本チャンピオン、東洋太平洋チャンピオンでもスポンサーがつかなければ、ボクシングではご飯が食べられないという。その日本チャンピオンはいっていた。

「世界チャンピオンになってやっと食べられるようになるかもですかねぇ」

生活のすべてをボクシングに捧げ、ストイックなトレーニングを行い、やりたいことも制限し、日本でいちばん強くなってもまだ食べられないという、これほど過酷な職業が他にあるだろうか？

こうなってくると金のためだけじゃないように見える。強さを証明するため、意地、あとは好き、という確固たる何かがなければ続けられない。

しかしこのボクサーにとってゴミ清掃という仕事は親和性が高く、ダブルワークにはもってこいの仕事だ。どうせやらなければならないトレーニングでお金がもらえるというのは、ゴミ清掃という仕事を知らないボクサーより得しているような気がする。しかもトレーニングならばもう限界だからここでやめようと自分で決められるが、仕事だとゴミを回収し終わるまで帰ることができず強制的にトレーニングを続行しなければならない。

今日はもうここでやめようと思ってもやめられないのが、ボクサーにとってはいいとそのボクサーはいっていた。

ミュージシャンとのダブルワークの場合

そして次に多いのはミュージシャンだ。

ミュージシャンやバンドマンも売れなければ食べられないことは多くの人が既知の事実だが、この職業も売れる可能性が極めて低い、過酷な世界だ。ミュージシャンは前々からライブの日というのが決まっているので、ライブの次の日を休みにして打ち上げでお酒を楽しむ人が多い。

ゴミ清掃員は必ずアルコールチェックがある。次の日、仕事があるとお酒を楽しめないのであらかじめ休みを申請していることもよくある。

考えようによってはすごく人生を楽しんでいるようにも見える。ライブがない日はきっちりゴミ清掃員として働いて生活費を稼ぎ、次の日に休みをもらい、ライブ活動をし、気のおけない仲間とその夜にお酒を飲む、と考えれば普通の会社員が休みの前日に心底、熱中する趣味をやり、その仲間たちとそのことについて語ったり、笑い合ったりする。

ダブルワークもうまく自分なりに解釈をして、利用すれば天と地の差がでるほどの豊かな人生を歩むことができる。

つまり、バンドマンとして売れないから仕方がなくゴミ清掃員をやっていると考えれば悲しく聞こえるが、ゴミ清掃員としてきっちり働いて休みの前日にはバンド仲間と楽しくライブをやると考えると、豊かなライフワークを歩んでいるように聞こえるから不思議だ。しかも後者の場合は、当たるかもしれない宝くじ付きだ。前者は宝くじが当たらなければ人生真っ暗のように聞こえるからやはり解釈術というのは大切なスキルだ。

そして芸人も多いが同等に本業・声優の作業員も最近増えてきた。

聞けば声優の学校に入るための予備校まであるというのだから、その裾野は計り知れない。声優志望者の数が多いのだろう。声優人気時代を象徴するようなダブルワークだ。

最近ではYouTuberになりたいがそれだけでは食べられないのでゴミ清掃員をやっているという人もいる。これもまた時代の象徴で驚きだ。YouTubeがまず副業なのではないのかと思うが、本人がYouTubeを本業だと思うのであればそれに反論するつもりはない。

コロナ禍のゴミ清掃員

こうして様々な理由でダブルワークをしている人が多いゴミ清掃業界だが、最近ではコロナ禍においてゴミ清掃員になる人が増えている。

コロナ禍に陥った当初、ぼくは感染リスクを恐れてゴミ清掃員という仕事を離職する人が増えると思っていたが、実は逆でコロナ禍になって、むしろ増えた。

それはなぜかというと新型コロナウイルス感染拡大に伴い、なくなる仕事があるというのが理由だった。

ひとりは元々、フリーランスで旅行関係の仕事をしていたが、観光客が日本に来られないというので突然、仕事ができなくなったといっていた。

確かにお客さんが旅行をしてくれなければ話にならない。

そしてもうひとりはキャバクラの店長をやっていたが、客が来ないため店をたたむことになったといっていた。系列店も閑古鳥状態だったので諦め、離職したという。

ぼくが直接、話したのはふたりだけだが、他にも何人かいると聞いている。

ぼくがこのふたりに感染リスクのあるゴミ清掃という仕事について不安ではなかったか？　と尋ねたところ背に腹は代えられないとふたりとも同じようなことをいっていた。

コロナ禍に陥った当初、まだコロナウイルスの実態がわからず、死亡の可能性についてワイドショーで騒いでいた時期だったので、ぼくもゴミ回収は怖かった。自分がコロナウイルスに感染し、そのまま小さな子どもがふたりいる家で自宅療養しなければならない状況に怯え、リモートワークのできる職業を羨ましくも思った。デスクワークができる人間は死に対する恐怖をぼくよりも低減させることができるので、不公平だという気持ちが生まれた。

しかし結果からいうとこのとき、人を羨んでも仕方がないということを悟った。

それは綺麗事ではなく芸人というもうひとつの仕事の仲間の話を聞いて、ぼくよりもそれはそれで大変な状況だということを知ったからだった。

感染リスクよりも恐ろしいのは金がないこと

芸人はほとんどの人間がぼくと同じようにダブルワークをしている。少なくない数の芸人は居酒屋やカラオケ店などの接客業で働いていることが多い。彼らはみんなシフトを削られ、明日のパンを買うための小銭を数えていると聞いた。

もし本当に困ったのならばゴミ清掃員の仕事を紹介するからいってくれといいながら、ぼくは心の中でこの大変な状況の中で仕事があるだけいいほうなのかもしれないと思った。

前職がフリーランスで旅行関係の仕事をやっていた人やキャバクラの店長は、感染リスクは恐ろしいが、それよりも恐ろしいのは金のない苦しみだと喜んで働いていた。

金のない苦しみと腹の減る苦痛は、この世にある他の苦しみには代え難い苦痛だとぼくは思っている。

助かったぁ、といっていたふたりのその台詞は八年前のぼくと同じものであるのを思い出した。

現在は芸歴二三年になるマシンガンズであるが、初めてテレビに出たのはコンビを組んで九年目の頃で、二〇〇八年頃、『エンタの神様』や『爆笑レッドカーペット』に出演した。しかし番組が終了してからは少しずつ仕事が減り、東日本大震災をきっかけにイベント自粛で決まっていた仕事が全てなくなった。収入が一気に激減したというのはお笑いだけで生活していたこのとき、ぼくは何のリスク回避もしていなかったことを示している。

ぼくはこの頃、周りの芸人と金の話しかしていなかったそうだ。

ぼくがゴミ清掃を始めた二〇一二年もまだ妻の出産、そしてその先の子育て費用を蓄えるために、買い物などでもらえるポイントはすべてもらい、貯められるだけ貯め、そしてそのポイントで生活していくのに必要なものをまかなった。具体的にはオムツなどである。

新しいクレジットカードを作れば三〇〇〇ポイントもらえると聞いて作ったカードが、今でも一〇枚以上、手元に残っている。

そもそもぼくとしては〝フツーのバイト〟をするつもりだった。例えばファミレスやコンビニなど、出勤が毎日ではなく自分でシフトを希望できる仕事なら何でもいい、何かあるだろう、くらいに考えていた。

しかし、すでに三〇代後半になっていたぼくは、なんと九社の面接を受けて、すべて落とされてしまったのだった。

たしかに居酒屋の店長からしたら嫌だろう。自分より年上だし、お笑い芸人をやっているということで突然オーディションが入るかもしれないので、その時は休ませてくれという。何か注意するときも年上だから気を使うし、特に人懐っこくもない。面接で落とすにはあまりにも十分過ぎる理由があった。

アルバイト三五歳の壁を越えて

そして大きなネックが年齢だった。

そもそもその当時のアルバイト雑誌には三五歳までというところが多かった。

ぼくはその時点で三六歳だったので、年齢不問と書かれている職業しか選択することができなかった。

ぼくはこのときに初めて知った。

「えっ!?　三五歳を過ぎるとアルバイトすらないの!?」

ぼくは心底驚いた。

これは先生が学校で教えるべきだと思った。

「好きなことは何でもやっていいが、三五歳を過ぎるとアルバイトすら見つからないから、三四歳まで一生懸命頑張って、ダメだったら見切りをつけて、新たな仕事に就いて、今までの分を取り返すように働けばいい」と教えておいてほしかった。

ぼくは芸人を廃業する覚悟を決めた。ここから先も芸人として仕事が入ってくる気配がないことは体感でわかる。

数々の芸人がお笑い界を去っていった。ぼくはそいつらの顔が思い浮かび、ぼくもそのうちのひとりになるのかなと考えた時に、ぼくは閃いた。

芸人を先にやめたやつらは何かしらの仕事をしている。その口利きでアルバイトとして入れてもらえないかと思い、一縷の望みをかけ、ぼくは芸人を引退したうちのひとりに電話をかけた。

金さえ稼げればお笑いを引退せずに済む。

もうこのときにはぼくは、お笑いで一発を当てようというのではなく、お金さえあればお笑いを続けられる、というわけのわからない精神状態になっていた。

かつてはハイエナというコンビで、舞台に立っていた坪井という男に久々に電話をした。

「坪井ちゃん、今何の仕事やってるの？」

聞くと、坪井は「ゴミ清掃だよ」と答えた。

「それ、俺も働けないかな？」

「全然ＯＫだよ。明日からでも働けるよ」

「マジかよ!? 頼むわ！」

といった具合。ハイエナ・坪井との電話を切ったあとは、心の底から本気で「ラッキー!!」とガッツポーズをしたものだった。

「これでお笑いが続けられる」と叫び、フリーランスの旅行関係の仕事の人やキャバクラの店長がいった「助かったぁ」と同じような気持ちでいっていたに違いない。

だから、ゴミ清掃の仕事をイヤイヤ始めたわけではない。むしろ「仕事があってありがたい」という気持ちだった。いまになって考えると、あのとき、そう思えたことは本当にラッキーだった。

身体的にもあのまま酒を飲み続ける生活をしていたらどうなっていたか分からない。この点においてぼくは芸人としてもし売れていたらそのまま酒を飲み続けていたので、売れなくてラッキーだったと思っている。これはヤセ我慢ではある。

日本一のゴミ清掃員を目指す

働きたいと思い、応募して、前述のように9社から不合格の烙印を押されれば、さすがにヘコむ。それは、自分という人間が拒否されたからだ。「年齢不問」のひと言を頼りに応募したものの、面接で実際に自分の年齢を告げると、その時点でほぼ、面接に落ちていた。それならば電話口でいってほしいと思った。電車代の無駄だった。

それでも、ぼくの場合は、元々サラリーマンではなかったので、そのへコみ、ダメージは小さかったのかもしれない。会社勤めで妻子がいて突然、リストラされたような人の心中は、察するに余りある。

芸能の世界にはクビがない。それに比べると、サラリーマンの人たちは解雇されると収入だけでなく肩書きまで失ってしまうのだから、その後の人生により大きな変更を迫られることになるのだろう。

しかし、どんなに自己否定されても、それで終わりというわけではない。それで人生が終わるならばそれほど楽なことはない。それでも生きていかなければならないのだ。問題はその結果を自分でどう解釈するかだ。

ぼくは九社から面接で不合格とされたあと、ゴミ清掃員になった。この時点では、それが正解かもわからなかったし、頭の中を自虐的な考えもよぎった。後から振り返ればゴミ清掃員になって本当に良かったと思うが、本来、人間は変化がとても苦手である。今までやっていたことと違うことをやることはどうしても拒否反応が生まれてしまう。今になって思えば、逆にゴミ清掃員になっていなかったらどんな生活をしていたのだろうと想像するとぞっとする。今でも入ってくるかどうかわからない芸能の仕事を「どうか仕事が舞い込んできますように」と手を擦り合わせていたかもしれない。

しかし金はほしいが、ゴミ清掃員として働かなければいけないことの未知なる不安によからぬ事も考えた。

「ここが自分の終着点なのか？」

たしかに、お笑い芸人が他の仕事で稼がざるを得なくなったのだから、ゴミ清掃員になったことは一つの結末である。しかし、視点を変えてみると、同時にそれは出発点でもあったはずだ。そして、三年をかけて新たなやり甲斐を見つけた。

ここでいう三年ということを説明しておくのならば、本当はお笑い芸人だけでご飯が食べたいのになあ、とモヤモヤとした気持ちを抱えながら従事していたのである。後ろ向きな気持ちで仕事をしていることが心底、つらくなってぼくは本気で日本一のゴミ清掃員を目指そうと決めた。ゴミ清掃員を始めて三年目のことだった。

今では、ゴミ清掃員になったことで始まった新たな発見の日々を、田中さんとこの一冊の本にまとめる機会まで得ている。結末どころか、ぼくにとっては新しい冒険への旅立ちとなったのだ。ただし、働き始めた時点ではわからない。

大切なのはとりあえず生きてみること

大切なのは、とりあえず生きてみることだ。うつむいていても、生きていればいやおうなしに前に進まざるを得ない。そのうち顔も上げるでしょ？　首が疲れるから。

考えてもみれば、お笑い芸人の仕事は自己否定されることの連続かもしれない。舞台でウケなければ、さすがにヘラヘラ笑っているわけにもいかない。しかし、それで終わりではなく、また次の舞台が待っているはずだ。

たとえ就職活動や転職の現場で自己否定されても、そこで諦めたって仕方がない。生きなきゃいけないからだ。むしろ、そこから新たな可能性が拡がる。可能性を見つけられたら面白い。そんな「解釈」の大切さについて考えたいと思う。

ゴミ清掃員の雇用形態は様々だが、ぼくの場合、組合に所属している。この組合から都内の各自治体がそれぞれ業務委託している清掃会社と一日契約を結ぶ。

清掃員は全員同じ給料で働いている。新人もベテランも、二〇代も六〇代も同じで、能力給というものは存在しないことになる。この点については少し特殊な給与体系といえるのかもしれない。ファミレスやコンビニのバイトでは、能力や勤務態度が評価されれば、少しずつ時給がアップするようになっている。そうすることで経営側はバイト従業員のモチベーションを高めようとしているのだ。

その昔、居酒屋でバイトしていた時に、ほぼ同時期に入ったやつが店長の目に付くようにまじめさをアピールして時給を五〇円あげてもらったり、店長と付き合った女の子が時給八〇円、ぼくらより多くもらったりしているのを知った時に苦々しく思った……。そんな経験のある人にはゴミ清掃の仕事は向いているかもしれない。自分の労働価値を定規で測られ、しかもその物差しが適切でないことが多いので不平不満が残る。

頑張っても頑張らなくても給料が変わらないのなら、どのような態度で働くかは結局、働く本人の気持ち次第ということになる。そして、やり甲斐を見つけて楽しく働いても、心の中で舌打ちしながらダラダラと働いても、時間は同じ速度で過ぎていく。なので、その仕事を続けるのなら楽しく働いた方がいい。

こんな簡単なことに気づくのにも、ぼくは三年もかかってしまった。

不思議なのは、頑張っても頑張らなくても給料が変わらない職場で一定のモチベーションが保たれているということだ。ゴミ清掃員の働きぶりを思い出してもらっても、ダラダラというよりは、むしろキビキビと働いている印象を受けるはずだ。理由として考えられるのは、ひとつはチームで行う作業だからだろう。清掃車のドライバーと作業員の組み合わせでひとつのチームなので、サボることは難しい。

しかし、最大の理由は「自分たちが作業を終えるまで、町からゴミはなくならない」という厳然たる現実が、つねに目の前にあるからだろう。ダラダラやっても、時間がかかるだけである。ワンブロックごとに集積されたゴミの山が一つずつ、彼方まで連なって待ち受ける現場を見れば「早く作業を終わらせ、次の現場へ」ということしか考えられなくなる。勤務時間が決められていて、それを過ぎれば仕事も終わりという現場ではない。

働き方改革というが、バイトのように時間を売ることによってお金がもらえる種類の仕事についていないぼくは、結局「がむしゃらに働いた奴が最後に勝つ」のではないかと思ってしまう環境にばかりいる。

芸能の仕事のように頑張って数多くこなせばそこで次に繋げられたり、ゴミ清掃のように自分が回収すればする程、早く帰れる現実を目の当たりにしている。

ちなみにゴミ清掃という職場はぼくの周りだけかもしれないが、チームの和を乱すような悪い人というのはあまり会ったことがない。不思議とみんな人がよく、優しい。どういうことか考えてみたのだが、チームの和を乱すような悪い人がこの業界に入ってきたとしても、他の人がみんな和を大切にするので、居心地が悪く辞めてしまうからなのではないかと思う。

チームの和を乱す人も同じように乱してくれる仲間がいないとさすがに居心地が良くないので、職場から去ってしまうのではないかと思う。

『ゴミ清掃員の日常』(講談社)というぼくの漫画でも紹介させてもらったが、清掃員もドライバーも皆、とにかく一生懸命働いている人が多い。仕事ができる、できないの差はあったとしても、仕事をサボっている人はいない。

ぼくも周りに影響され真面目に働くようになったのかもしれない。

ダブルワークのデメリット

先程からダブルワークの利点ばかり話しているが、デメリットを話さないのはフェアじゃないと思う。

ダブルワークにももちろんデメリットはある。

メリットとデメリットを天秤にかけてどちらに片寄るか比べてみて、メリットの方が僅かにでも上回るのならば、具体的に何をしようかと、考えてもいいかもしれない。

ダブルワークの注意点は、何を差し置いてもまずは体調面の管理である。

体を壊してしまっては元も子もない。

実際、ぼくはゴミ清掃員を始めてまずは右膝が痛くて眠れなくなり、右足をかばいながら走れば、今度は左膝が急激に痛くなった。何とかかばいながら走り、だましだまし痛くならないように走る。

そして現在も両膝は時折、激痛が走り、どの病院やマッサージに行っても完治することはない。

ひとつ悪くなれば体のどこかが不調をきたし腰、首、肩甲骨、肩、腕、身体全体がバランスを取ろうとして膝をかばい急激に痛くなる。

知識もなく無茶苦茶な走り方をしたり、十分なストレッチや準備体操をしないで無理をすると向こう何年体を痛めることになるので気をつけなければならない。

自分はまだまだ若いつもりで走っていても、気付かぬうちに年をとっていて節々がきしむ。

ぼくの場合は肉体労働なのでわかりやすく体調を悪くしたが、肉体労働でなくても本業が終わった後副業のアルバイトをするのだから生活が不規則になり十分な睡眠が取れないとなると体調を崩しやすくなるので配慮しなければならない。

このような点を考慮すると、意図的に休みを作り、休むことや体調を管理することも、仕事の範囲内だとはじめから決めて働いた方がいいのかもしれない。そのように考えないと体調を崩し、本業の方を休むことになってしまったら元も子もない。

なので、第一は無理をしないことだ。

副業はあくまで副業と割り切って、どこかで区切るポイントを作り、目処をつけることが大事だ。

頼むよ、といわれ、体調がいい時はまだそれでいいが、眠い目をこすりながら仕方なく引き受け、起きられなくなって本業の方を遅刻したらばかばかしい。

ダブルワークの時間管理

次に大変なポイントは時間管理である。

本業が規則的に月曜日から金曜日の九～五時などと決まっていれば、副業は月、水、金などと規則的に二日に一度と入れやすいが、本業が不規則だと時間管理が難しい。

ぼくがこのパターンに当てはまり、初めのうちはスケジュールを組むのに混乱した。

芸能の仕事の方は不規則にそして急に決まることが多い。初めのうちはゴミ清掃の方に急に芸能の仕事が入ったのでその日はお休みさせてくださいというと、さすがに困った顔を何度かされた。

たしかにそれはそうだろう。

明日の現場が決まっていたのに急に来られなくなると他の人の手を借りなければならな

い。

なので、ぼくは現在、ゴミ清掃のスケジュールを決め、所属している太田プロの方にはそこは仕事を入れないでくれと断っている。

初めのうちはチャンスが少なくなるぞ、といわれたがそれで構わないから入れないでくれと芸能の方をきっちりと断った。

そもそもこのくらい長くお笑いをやっていると、こんなオーディションがあると事務所の方からメールが来た時点で自分が受かるか落ちるかぐらいは瞬時にわかる。

事務所のマネージャーはどんなチャンスがあるかわからないから行けというが、落ちるオーディションに電車賃をかける馬鹿はいない。

現在、マシンガンズは二三年コンビを組んでいるが、大体一五年目を越えたあたりからスタッフから気を使われ始める。

その頃は三〇代の後半だったので、ネタのオーディションのスタッフも年下が増えてくる。ADの頃からそのスタッフのことを知っていると、

「いやー、マシンガンズさんにわざわざ来てもらってネタをやっていただくなんて恐れ多いんですよー」

なんていわれると、もうこの時点でこのオーディションは落ちている。こういわれた時点で先方はまだテレビに出たことのないような若い芸人たちをテレビに出したがっているものだ。

こんなことを繰り返し受かりそうなオーディション、落ちそうなオーディションの嗅覚は鍛えられ、最終的にメールが来た時点で、「このオーディションは受かりそう」「このオーディションは間違いなく落ちる」と瞬時に判断ができるようになる。

まるで特技のように話しているが、こんな特技は身につけなくてよいので、自慢にも何もならない。

話が逸れてしまったが、副業は、あくまで本業があっての副業なので、それでもよければ手伝わせてくださいとはっきり伝えておいた方がいいだろう。

アルバイトを募集しているのならば、本当に忙しい現場なので、猫の手も借りたいというところが多い。

楽しくなって自分からどんどんやりたいというのならば話は別だが、無理を要求される前にはじめからあくまで副業だということを伝えておかなければ、人の良さにつけこまれてしまう恐れがある。

人間はなぜ働かないといけないのか

今ではダブルワークを推奨するほど働く意味や意義というものがわかるほど成長したが、ぼくは子どもの頃から労働というものに不思議な感情を抱いていた。そして「人間は、なぜ働かなければいけないのか」という命題に対して納得できる答えを見つけられないまま、大人になってしまったのかもしれない。

世界には、働かなくても優雅に生活できる貴族のような人たちがいる。また海外のいくつかの都市では外国人旅行客が増加したためアパートのオーナーは民泊施設にした方が高い利益を得られるという状況になった。もちろんこれは新型コロナウイルスの感染拡大以前のことではあるが、最低賃金で働く人たちは、休まず働いてももっとも安いアパートすら借りられないというケースがあるという。目も当てられないワーキングプアだが、世の中には生まれつき働かなくていい人と、ずっと働いているのに最低限の生活も保障されない人がいる。

これらは極端な例ではあるが、多くの人は「食べるため」「生きるため」に働いているのだろう。

ぼくも働いても働いてもまったく楽にならなかったことがあるので、どうにもならないワーキングプア状態というのが構造上どこかにあるのだろうと思う。税金、年金、保険、その他諸々、大人として払っていかなくてはならないものを義務的に払っているとどうにも全く残らないということがよくあった。

後述するセレンディピティというものに出会った今は前向きに仕事に取り組めるようになったが、完全に自分の進むべき方向を見失いながら、働いていたことがあった。というかそもそもその軸がなく働いていた。

強いて軸と呼べるのは、お笑いで売れるために今は我慢して、どんなアルバイトでも耐えてみせるという意気込みだけだった。お笑いで成功することしか見えていないので、その仕事の意義など何も考えておらず、時間が過ぎるのをただ待っていただけだった。それはとても苦しい経験だったがその苦しさに耐えることがお笑いで成功するために必要なことだと勘違いしていた。

今考えてみればそれはまったくの逆で、そのアルバイトに入ったのならば何かひとつでも特技を身につけてテレビで披露するなどしようと考えればよかったのだが、まだその頃は自分がスターになれると信じていたのでそのような考えはよぎりもしなかった。そもそもお笑い以外の仕事をしているのが恥ずかしいとすら考えていた。そのためアルバイト先でわざと心を閉ざしていた節があったので誰とも仲よくならなかった。アルバイト先で仲間に入れなくても今いる自分は仮の姿でお笑いの舞台に登った自分が本当の自分だと思っていたので仲間に入れなくても、今に見てろ、とまるで逆上のような精神状態で過ごしていた。

今、考えてみれば若気の至りも度が過ぎていたのかもしれない。

お笑いで売れることはないとわかったとき

この時はまだお笑いに対して希望を持っていた二〇代、三〇代前半の頃の話で、その軸があればそれでも様々なことを乗り越えることができた。

問題は、ゴミ清掃員を始めて少し経った頃、はじめは「ラッキー、助かったぁ」と思っていたゴミ清掃だったが、時間が経つにつれ、本当はゴミ清掃じゃなくお笑いの仕事だけで生活がしたいと思うようになり、ハードな肉体労働が徐々に精神を蝕んできた。

そして先程も話したお笑いに対しての嗅覚、ライブ等で肌身で感じる客の反応、目線、自分がどの程度の位置にいて、テレビをつければこれから狙うべきポジションも見当たらず、八方塞がりの状態で、この頃のぼくの一番重要な仕事は現実から目を背けることだった。

まともに自分と向き合ってしまえば、間違いなくお笑いをやめる。

それまでのお笑いで売れれば、他のことは何でもいい、どんな苦行にも耐えるという軸はグラグラに揺れ、それはもう軸とは呼べなかった。

もうお笑いで売れることはない、とわかっている時に、ぼくはどの心持ちでゴミ清掃と向き合えばいいのかわからなくなっていた。

何がしたいかより、自分には何ができるか

「ライフプラン」という考え方を取り入れている学校が現在、多くあるという。

このライフプランというのは簡単にいうと自分の人生を設計し目標を立てそのためには現在、何をするのかを考える授業である。

ぼくも何回か高校の講演会で「ライフプラン」を交えた話をしてほしいと依頼されたことがある。

ぼくも中学や高校の時にこのような授業があったらよかったのにな、と思うことがある。

現在、水育や食育、服育などをカリキュラムに取り入れている学校もあるという。ライ

フプランは人生設計という中に、どのようにして働いていくかを考える項目もあるが、個人的には労働に特化した「労育」をやってほしいと思っている。働くことを労《いたわ》る授業で、自分と労働の間に何があるかを考える授業があってもいいと思う。

それでもライフプランという授業があり、少しでも労働のことについて若いうちに考える機会があるのならば、それは財産だと思う。

問題は、そんなことを若いうちに考えずに働き始めた人たち、五〇代や退職前の人ならば、今までやってきたその仕事論に自信を持ち、変えることもできないだろうが、まだ二〇年も三〇年も働かなければならない三〇代、四〇代の人たちは、人生半ばで何のために働いているんだっけ？ と目標を見失いさまよう可能性は高い。

そうならないためにもこの本を読み進めてほしいのだが、ここでひとつだけ簡単に述べるのならば、何がしたいか？ ではなく、今、自分には何ができるか？ ということがいちばん重要なのではないかと思う。

思い返してみれば、年を重ねると友だちはいなくなり、自分の周りにいる人やぼくが声をかける人は、必ず何かができる人だ。

人に求めることは、自分にも求められることだと思った。

簡単にいうと「あいつ編集ができたな、今度お願いしよう」とか「そういえばあいつ投資をやっていたな。やってみたいけど、どこからやっていいかわからないから飲みに行って聞いてみよう」などと思う。

年を重ねると単純に飲みに行こうということはなくなり、口実を探すようになる。口実が見つかれば飲みに誘うことができる。大人になるとみんな、自分の人生に忙しくなるので、おいそれと誘うことが出来なくなる。口実が見つかれば、会うことができ、皆それぞれ寂しいのではないかと思うこともある。

話を戻すと、自分に置き換えると漫才以外にぼくには何ができるか？　ということを考え直してみた。

ぼくは今まで漫才を極めようと思い十数年漫才のためだけに生きてきたので漫才以外にできることは何もなかった。つまりぼくは人生においてのBパターンを考えていなかった。漫才を始める前にBパターンを考える奴が居るかと思うかもしれないが、漫才がもうだめだなと肌で感じるようになった時の絶望は壮絶で、同時に虚無感を味わった。先程、話したライフプランなり、ぼくのいうところの労育と一度は向き合うべきだと思う。そしてそれは年を取ったからもう遅いということはなく、もし必要だと思えば今、やっても遅くないと思う。

ぼくは漫才以外で何ができるかと考えれば、車も運転できない、資格もない、特技も何もないので、これから作るしかないと考えた。

それならば否応なしに毎日やらなければならないゴミ清掃に詳しくなろうと心に決めたのだった。

売れることはなくても、いつか芸人がテレビで披露している特技などのワンコーナーみたいなところでゴミ清掃の話や技などが披露できたらいいな程度に考え、毎日ゴミ清掃の何かしらの知識を得ようと、分析し、先輩清掃員の話を聞いて、その経験を我が事のように思い、それがいつか役に立つかもしれないと思い、引き出しにしまい、家に帰ってからもゴミ清掃の歴史や、地域によっての分別の仕方が違う理由などを調べ、ゴミに関するあらゆることは全て頭に入れようと考えた。

それは、この先芸能界において役に立つ、役に立たないとは別に今与えられたことを最大限に吸収しそれを特技として昇華することによって、前向きにもなれるし、現実から目をそらす良いきっかけにもなった。

考えてみれば、大学を出てから一度も景気がよかったことがなかったので、ある一定の大学以外は学歴によって大きな待遇の違いはあまりなかった時代を生きてきた。

何をしてきたのか、どこの大学を出たのかなどの学歴よりも、大切なことは、自分には何ができるか？　ということなのではないかと思った。もしくは何をできるようになろうとしているか？　である。

なんでもいいから何かひとつできるようにならないと人には必要とされない。

英語でもいいし、パソコンでもいいし、クルマの話なら何時間でもできる、でも構わない。

できれば、本業の中から見つけるのが一番いいが、ぼくのようにその当時副業として考えていたゴミ清掃の中から見つけ出しても良いと思う。

結果的にぼくは漫才をやっていたので少なくても人前で喋ることくらいはできるので、ゴミの話をすることでお互いの仕事双方にとってプラスになる活動ができ、また多くの拡がりを見せているのは計算していなかったが、それは嬉しい誤算だった。

第三章　自己肯定という解釈力

『納棺夫日記』の著者との共通点

田中さんと話していると、ぼくの知らなかった次の人を紹介してくれた。

本木雅弘さんの主演で数々の賞に輝いた映画『おくりびと』(二〇〇八年/滝田洋二郎監督)は、詩人の青木新門さんが一九九三年に地元・富山の桂書房という出版社から出版した『納棺夫日記』が原作となっている(後に文春文庫に収録)。数十万部を記録するベストセラーとなった『納棺夫日記』を本木さんが偶然に読み、感銘を受けて著者本人に会いに行き、映画化されたという。

この青木新門さんは興味深い。

というか、ぼくがゴミ清掃員になった経緯と、青木さんが納棺夫(納棺師)になった経緯には共通点があるように思う。青木さんは詩人だが、それで食えるわけではなかった。そもそも現代社会で、詩人という職業で食えている人が何人いるだろうか。ぼくが知っているのはお世話になっている枡野浩一さんくらいしか、勉強不足で知らない。

青木さんは早稲田大学を中退後、富山でパブ喫茶の経営を始めた。地元の詩人や画家たちが集まる店だったが、作家の吉村昭さんから「短編小説を書いてみたら」と勧められてしまい以降は、パブ喫茶の経営などそっちのけで執筆に没頭してしまい、ついに店は潰れてしまった。

倒産で根こそぎ金がなくなった頃、妻が長男を産んだ。そしてドライミルクを買う金がないと語ったという。小説が売れたらいくらでも買ってやると投げやりなことをいってみたが、虚しかったというのもぼくとの共通点だ。


ある日、激しい夫婦喧嘩の際、妻がわめきながら投げつけた新聞の求人欄が目にとまった。「冠婚葬祭互助会　社員募集」とあった。

どんな仕事か分からないまま、面接に出向いた。玄関を開けると、入り口にお棺が積んであった。とんでもないところへ来たと思ったが、ドライミルクのためのアルバイトだからと、意を決して入って行った。（『納棺夫日記』文春文庫・増補改訂版）

これを読んだ時に、この物語はぼくの話かと思った。

赤ん坊というのは、父親に金がない時を狙って生まれてきては、ぼくらを試すものだ。出産・育児の費用を捻出しようとして〝儲かる見込みのない本業〟を一時封印して、最初はアルバイトのつもりで働き始めたというのも、ぼくの場合と同じである。妻に新聞や求人情報誌を投げつけられなかっただけ、ぼくの方がましだったのかもしれない（笑）。

違いは、ぼくの場合はゴミ清掃員の仕事について、ある程度、把握していた。清掃車に乗ってゴミを回収することぐらいは知っていた。ゴミ清掃の現場は、自宅の近所でも誰でも日常的に目にするものだ。しかも、ぼくは保育園に通っていた頃、清掃車の側面に立ったまま乗ってヤッターマンのように去っていくゴミ清掃員を見て、ぼくも乗ってみたいと思ったほどだ。

それに比べると、青木さんが従事した納棺師の仕事は日常の生活の中で目につかないよう、覆われた世界で行われるものだ。どちらもエッセンシャルワーカーだが、ゴミ清掃の作業は日常、納棺は非日常の出来事といえるだろう。

「とんでもないところへ来た」と思うのも無理はない。しかし、青木さんは、この納棺師の仕事を辞めずに続けた。『納棺夫日記』を出版したのは「とんでもないところへ来た」と思ってから、ちょうど二〇年が経過した頃だ。おそらく、この二〇年の間に、アルバイトのつもりで始めた仕事に自分なりのやりがいを見つけたのだろう。そして、丹精込めて仕事を続けたのだろう。ぼくは、ゴミ清掃員になってまだ九年目だが、アルバイト感覚で気の進まぬまま始めた副業に楽しさや喜びを感じられるようになったのは、三年目ぐらいからだ。

もし、青木さんがアルバイト感覚のまま納棺師の仕事をしていたのなら、映画『おくりびと』は生まれなかっただろう。あるいは、ルポライターのような人が取材で納棺師を体験し、それを書籍化しても、読んだ本木さんが作者に会いに行くほどの感動はなかったはずだ。自分の仕事の意味を考え、静かに任務を遂行するプロフェッショナルな姿がそこに描かれていたからこそ、納棺師の仕事を映画化したいという衝動が本木さんを突き動かしたのだと思う。映画の中でも納棺師を演じる本木さんの手指の動きが美しく表現されている。本木さん『ゴミ清掃員の日常』も映画化してくれないかなと思っている（笑）。

青木さんは冠婚葬祭会社に入社後、納棺師専従社員となり、同社の専務取締役まで務めた。この経歴だけを見れば立派なサラリーマン、企業人だ。その人物が詩を書くとしても、前後関係を無視すれば「趣味」として世間は受け取るだろう。しかし瓢箪から駒というか、『納棺夫日記』はベストセラーとなり、映画化までされた。青木さんの場合も、最後はどちらが本業か副業かわからなくなってしまったが、アルバイト感覚で始めた副業があったから詩人・文筆家としての才能が開花したのは間違いないだろう。

二種類のダブルワーク

何も青木さんやぼくみたいに、本格的に将来を見据えてダブルワークをやってみろとぼくはいっているわけではない。

ただひとついえるのは何かしらの可能性がそこにはある、のは間違いない。

収入面でも、自分の才能でも、働きがいの視点からでも、体を壊さない程度に、あくまで副業として、他の仕事を見てみるのはいい機会だと思う。

ダブルワークには二種類あって、ひとつは他の誰かや会社の仕事を手伝う方法。もうひとつは自分で仕事を作る方法だ。この二種類があると思うが、仕事を作る場合でも大きな事業である必要はなく、あくまで副業のスモールビジネスから始めるのが体の負担も考えていちばんいいと思う。

二番目に好きなものだから特にこだわりもなくやりたい時だけやる。他社の仕事を手伝うにしても、あくまで副業なのだから多くの仕事を頼まれても断る姿勢を崩さないでいられる。

自分で仕事をするにしても、そこから事業を拡大しようと思わなければ、客に対し媚びる必要もないし、無理な値下げを頼まれても毅然と断れる。

これらの姿勢さえ崩さなければ、体の負担は感じても精神的なストレスは感じないはずだ。

人生のポートフォリオをつくってみる

これほどまでダブルワークについて考えるのなら、ついでに人生において何に力を入れるかの配分を考えておくのがいいかもしれない。

これはぼくもよく考える。

その時の年齢、持っているお金、家族の状況などによって変わるので定期的に自ら振り返る。

投資をしている人にはなじみのある言葉だと思うが簡単にいえばポートフォリオのようなものである。どこの株を何パーセントもっていて、どういう資金をもっているなどのグラフになっているアレである。自分でごちゃごちゃになっている場合があるので、全体を把握するのに必要なことだ。

たとえば、自分の人生において「お金」というものはどれほど大切なものなのか、と自分に問うてみる。

たとえば四〇パーセントなら紙に円グラフを書いて、誰に見せるわけでもないので大体の雰囲気で「金、四〇パーセント」と書いてみる。

家族は？　友人関係は？　仕事は？　老後の楽しみは？　マイホームは？　モテ具合（笑）？　など人生においての自分に関わりのある項目を並べ、どれほど自分にとって重要なのか把握しておくと、ぼくはこれが大切だからここはそんなに慌てなくてもいいなどと優先順位を把握することができる。全て欲望は実現すればいいと思うが、同時にこなすことはできないので優先順位は必要だと思う。ダブルワークをやるタイミングも計れる。大人は忙しい。今じゃないな、これをやってからだななどとタイミングがわかれば、取りかかれるが、タイミングを計り損なうとぼくには無理と一生、手をつけなくなる。

自分の気持ちを整理しておくことはとても大切だ。

意外と人間自分が何を求めているかわからないことがある。

先程も述べたが、大人になるとなかなか友だちというのはいなくなるので、いなければ仕方がないが、もし気が置けない仲間がいるのならば、ダブルワークでもやらないかと誘ってみるのもひとつの話の種になるので面白いのかもしれない。

アイデアはひとりではなくふたりのほうが多く出る。あんなことやってみようこんなことやってみようでもひとつの話題で楽しく過ごせるのではないかと思う。

仕事を作るのもひとりではなかなかできないので、協力してやれれば、頭の中でなんとなくやろうと思っているだけで腰が上がらないときにパートナーがお尻を叩いてくれる。

もし会社で居場所がないなどがあれば他の会社で見つけるのもいいかもしれない。そんなことというのはよくある。ぼくも今回のバイトはどうもうまく馴染めないなというのも何度も経験した。話しかければ答えてくれるし、仲間外れにもされてない。でもどうしてもしっくり来ないなあということがあるので、そういう場合は他を探してもいいのかもしれない。学生も同じだと思う。学校でうまく馴染めなければ、学校が全てではないので、他の居場所を作ればいい。居場所は作ろうと思えばいつでも、どこでも、誰でも作れる。今回が駄目だっただけだ。

自己肯定という解釈力

ここまで来たらついでに自己肯定に繋がるやり方も紹介しておきたいと思う。

自分で自分のことを顧みて、自分のいいところを見つけようとしてもなかなか見つかるものでもない。

ぼくのやる簡単な方法は、紙にやりたいことをまとめておくことだ。これが意外と効果的だ。

やりたいことというのは決して否定的なものではない。否定的なことをこれからやっていこうと思う人間はあまりいない。

やりたいと思うこと＝肯定的なものである。

自分の内側に何かを求めたところでマイナスなものしか出てこない時期がある。自分自身のことを必要以上に知ってはだめだ。余計暗くなる。

それよりも強いていうなら何がやりたいかを書けるだけ書いておく。簡単なことでもいいと思う。髪の毛を切りたい、でも構わない。髪の毛を切ればどうなるか？　さっぱりする。気持ち悪くなりたくて髪を切りたいと思う人はいない。やりたいことの結果はすべてプラスなのである。

いつもとちがうＳＮＳをやりたいでもいいし、株の投資を始めてみたいでもいい、経理の勉強をしてみようかなと思うのもいいし、いつもＺｏｏｍで苦労しているから一回ちゃんと勉強をしてみたいでもいい。

これらは自分にとって精神的なマイナスには決してならない。

やりたいことを通して、何かの結果を求めているが、その結果というのは、まちがいなくプラスの未来を描いている。

やりたいことはすべて紙に書いて、実際にどうすればできるのかを考え、実現させたら消していく。

ぼくにとってはこの方法が自分自身を励ます一番いい方法だ。

やらなければいけないことを後回しにする

ここまで話したのなら、時間の捻出の仕方も記録として残しておこうと思う。

ぼくは時間がどこかで生まれることはないと思っている。自分を時間にねじ込んでいるという感覚に近い。

ぼくには子どもが二人いる。

子どもは手がかかる。学校や保育園、学童などの手続きがあまりにも多いし、区役所とのやり取り、税金、年金、保険、健康診断などやらなければいけないことが次から次へと降りかかってくる。

やらなければいけないことを次から次へとこなしているとあっという間に時間が奪われ

る。

ぼくはやらなければいけないことは後回しにするようにしている。

意外なことかもしれないが、やらなければいけないことというのは、集中するときりがなく、やろうと思えばとことん向き合わなければならない。

ぼくがもっとも優先するのは、ダブルワークの仕事や将来を見据えたゴミの勉強、講演会でどのような話をすればもっとみんなに伝わるかなどすぐに必要としないことから手をつけることだ。

そうすることによって自分のスキルも上がるし、経済的にも潤う。

では、やらなければいけないことはどうするのか？　答えは、やる。

無理やり時間をひねり出す。書類を持ち歩いて、ほんの少し時間が空いたらそこで書類を書き込むなど、時間を節約している。やらなくてはいけないことはどちらにせよやらなければいけないのでやらざるを得ない（笑）。

しかし、ぼくの場合はやらなければいけないことには集中しない。とにかく書いて提出する。

ゴミ清掃の仕事では、清掃車が清掃工場に入ったまま、混んでいるのかなかなか出てこない場合がある。

そんな時に携帯に入っているメールの返信やペーパーレスで手続きができるものについては、この時間にこなすようにしている。

ここでも自分が何をしなければいけないのか常に把握している必要がある。

ぼくは携帯のメモ帳のｔｏ ｄｏリストの項目を、空き時間にひとつずつ消せるようにしておく。

ゴミ清掃員の副業

ゴミ清掃員がやる副業というのもある。ぼくのお笑いというものもそうであるが、ゴミ清掃員にもまた家庭の事情によりお金が必要ならばプラスアルファで家計を助けようとゴミ清掃が終わった後に仕事に再び出かける人がいる。

ぼくが知っているだけでもイベントの設営、バイクの運転ができる人は酒屋さんのお酒の配達、接客をしない単純な皿洗い。接客をするのなら大変だけれども純粋に皿を洗ってくれる人が誰かいないと店が回らないので皿を洗うだけのバイトを雇う飲食店もあるそうだ。ベタだが、コンビニで働いている人もいるし、商品モニターになってもらえるものをもらっている人もいる。とにかく、ぼくの周りの人はダブルワークの実践者が多い。

撃ってから狙うというスタイル

これまでは、ぼくが実際してきたアルバイトやぼくの周りにいる芸人やゴミ清掃員が体験した仕事だ。こうやって何の仕事をしていたのかを振り返ってみると、世の中にはさまざまな働き方がある。自分が体を動かしたり、並んでたまごっちを手に入れるバイトのようにただそこにいればいいという場合もあるし、自分の能力を活かして占い師になったり、何もやらずに自室を貸す人間もいる。

インターネットを調べてみればまだまだ変わった仕事というものがたくさんあり、これなら簡単にできるだろうというものもある。

たとえば、パーツモデルとして二の腕を貸すこともいいようによっては副業だ。二の腕を貸して何をするかというと二の腕の毛を剃って使用前と使用後の写真を撮るだけというアルバイトがあるらしい。

ネットで募集もしていたが、ぼく自身も頼まれたことがある着ぐるみの中身や、地方の人ならば自然の景色を写真に撮って、会社のホームページの素材にするというアルバイトもあったし、ただ悩みを聞くだけのリスニングスタッフというのもあった。

これだけ世の中には仕事がある。もしダブルワークをしたいが、どうも尻込みをするという方はこういう解釈をしてみてはいかがだろうか？

ぼくは、撃ってから狙いを定める人間だ。狙いを定めてから当てるという器用なことができないので、とりあえず撃ってみて、少しでも手応えがあればそっちの方に焦点を合わせる。

つまり仕事を始めてみて、合わなかったらすぐにやめるという考え方だ。

ツイッターでたとえてみようかと思う。ツイッターはぼくという人間の性質を象徴しているような気がする。

たまに自分のあるつぶやきに対して予想外に大きな反響を得ることがある。ブログもやっているが、このブログでもある時に自分では予想もしなかったほどのたくさんの反響とコメントをいただけることがある。

そういう時にぼくは「ああ、こっちの方がみんな、興味を持っているんだな」と考え、次のツイートで近いゾーンを狙ったりすることがある。

たまに魂を込めた一球入魂のようなつぶやきを見たりすることもあるが、その人は狙いを定めてから確実に当てにいくという性格の持ち主である。

ぼくは面白いほど、この性質を持っていない。とりあえず撃ってみるのだ。

一般的には、狙って撃つが多いかもしれないが、ぼくの場合はまず撃ってから狙いを絞り込んでいく。

マーケティングのプロならば、ネット上の様々なデータを駆使して、どの時間にどのようなことをいったらヒットするのかなど様々な技があるのだろうが、ぼくはそんなことも考えず、今どんな話題が受けているかということもあまり気にせずつぶやく。たまたま当たれば、じゃあ次はどこを狙うかと初めてそこで考える。このやり方が正しいとは思わない。きっちり狙いを定めてその狙い通りに打てるのならそっちになりたい。憧れる（笑）。

この話はただただぼくはこういう人間だということを表している。

マーケティングのプロだって百発百中というわけではないはずだ。ましてや、ぼくのような素人がマーケティングの真似事をしてみたところで、結果的には時間の無駄遣いに終わることの方が多いだろう。天秤にかけた時、ツイッターでバズらせるよりもぼくは時間の浪費をしたくない。これもポートフォリオを組んでいるから、優先順位がはっきりしている。

マーケティングに時間をかけて外すよりも、何も考えずに凡打を重ねながらヒットを待ち、ヒットが出たら次の一打を考える方が、ぼくの場合は効率がいい気がするのだ。もちろんこういうやり方が許されるのは、SNSで発信するのにコストがかからないからということが大切である。金の方が重い（笑）。

もし、一回つぶやくたびに数百円かかるのならばぼくだって狙いを定める。

まぁ、でも考えてみればそれはそうかとも思う。人を傷つけるものでなければ、いつでも誰でも思いついた時につぶやけるのが、SNSだ。そんなに真剣になるものでもないのに、躍起になってプライドをかけて発信していると大変そうだと思うが、それもまた好きなようにつぶやいていいので、この使い方もまた合っているということになる。

コロナで状況が一変、適応能力で乗り切る

どちらにせよぼくのいいたいことは、このコロナ禍で状況は一変しているということだ。

今までとは状況がまるで違う。その中でこれまでと同じようにしていて生活が安定しているのならばぼくはそれでも構わないと思うが、もし不安だったり、その業界の先行きが信じられなかったりするなら、とりあえず経験として他の仕事をやってみるのもいいのか

もしれない。

二〇二一年、この本を作っている現在もまだ会食を控えろと国はいっているが、これは居酒屋の店員がサボっていたからとか、なまけていたから客が来なくなったというわけではない。状況が変化しただけなのだ。

一度、感心したことがある。

高級料亭風の店のチラシが入っていたので、どこに店があるのだろうと地図を見てみようと思っても裏にも表にもマップはなかった。住所だけ書かれていたので怪しいところかなと思って調べたら、新宿にあるリーズナブルな居酒屋さんだった。居酒屋だけだと食べていけないので形を変えて生き残ろうとしている必死な姿だった。ぼくは感動した。少しだけパッケージを変えてなんとか生き残ろうとしている。そういう風に頑張っているお店があるのならば、一個人も、もし生活に不満があるのならば何かを変えようと、今までとは違う何かをやってみてもいいのかなと思った。

もっとも大切なのは適応能力だということである。

そう思うようになったのは、実は、アンタッチャブルの柴田英嗣さんと以前、ご一緒させて頂いたときに聞いた言葉がぼくの頭に残っているからだろう。この適応能力こそが、生き残るためにもっとも重要なスキルだということを確認した。動物マニアということを自称しているアンタッチャブルの柴田さんが次のようにいっていた。

強い動物が生き残ったのではない。環境に適応する能力が高かった動物が生き残った。

戦いに負けてしまってどうしようかと考えたやつらのなかで、違う環境を見つけて、そこでうまく馴染めたやつらが今でも残っているんだよ。

心から感銘を受けた。ただ、この適応能力というのは、どうすれば高められるのだろう？　とりあえず、偶然に出会った新しい環境に飛び込んで、後は慣れるしかないのかもしれない。もしくは苦しみながらもただ生き延びればいいだけなのかもしれない。予測していなかった状況が楽しめたのならば一番いいが、そういう人はそもそも適応能力が高いような気もする。

そうかもしれない。適応能力があるかどうかもわからないのに飛び込む力が欲しいのかもしれない。考えてみれば、俺は適応能力高いよ～といっている人をぼくは聞いたことがない。どんどん飛び込む力を人々は適応能力と呼ぶのかもしれない。そしてそういう人はいつか適応する場所を見つけるのだろうと思う。

第四章　財産は先輩たちの言葉

感情が揺れないと生きていけない人たち

芸人を続けていて何よりの財産になったと思うのは、先輩たちが何気なくいった言葉に触れられたということだ。

言葉というのは人間にとって侮れない。

言葉一つで人間は死にもするし、生き返りもする。

みなさんもご存じの通り、昨今、インターネット上の誹謗中傷が原因で亡くなる人が後を絶たない。それは日本だけではなく海外のタレントなどもそれが原因で自殺をしたというニュースが飛び込んでくると、ナイーブな人が多いように見える日本だけの特徴ということではなく、人というのは誹謗中傷や自己否定を集中的に受けることへの耐性がない、もしくは不運にも負のスパイラルにはまっている最中に否定の嵐をサンドバッグのように受けてしまうとこの世に存在してはいけない人間だと思い込んでしまう場合もあるのだろう。そういう場合はただちにSNSなどの自分を否定するものから逃げる必要があるが、一度はまり込んでしまったエゴサーチの習慣から逃げるのは至難の業で、批判の嵐の中から救いの言葉がどこかにあるかもしれないと、その言葉を拾いあげようとして、さらに多くの批判を目にすることになる。

そう考えると自分への賛否両論がある、というのはエゴサーチの魔力から逃げることをできなくさせる毒リンゴなのかもしれない。毒だと分かっているのにお腹が空いているので食べざるを得ず、毒のせいで次第に弱っていく。

ある種の人間は（ぼくもそうなのだが）感情が揺れないと生きていけない、そんな人間がいる。

誹謗中傷を受け、心底腹立ちを感じたり、その言葉によって自己否定に陥ったりしても、中には褒めてくれる人もいるのでその言葉の安心感に浸りたい。攻撃されることによって恨む気持ちを抱く人もいれば、言葉がうまく操れなかった、伝わらなかったのだと思い、勘違いされたままだと我慢ならなくなり、いい訳のようなさらなる言葉を継いで、それが状況に油を注ぐこともある。

客観的に見れば、自分が何をいわれようが目に入りさえしなければ、ネット上で燃えているだけの話であって、実世界では何も起こっていないのと同じだと割り切ればいい。だが、感情が凪の状態で何も生まれないことに耐えられない種類の人間がいる。そうさせるのが承認欲求ではないか。承認欲求は自分で上手にコントロールしないと、メンタルの消耗が計り知れない。承認欲求はお笑い芸人や芸能で生きている人たちの原動力となる肥やしではあるが、お金をもらって顔を出しているので、ある程度、誹謗を受けるのも仕方がない部分もあるかもしれない。そうやって自分の気持ちをコントロールすることが芸能界で生きていくためのひとつの技として身に付けなければならない必須の通り道である。芸能人でなければそんな義務もないだろう。

自己承認をＳＮＳに求めれば、一方でそれを認めないという輩が現れる。口論のようなやり取りをよく見かけるが、客観的に見ていると人間、抑え込んできた鬱屈がＳＮＳに打ち込まれた言葉に漏れ出て、同程度の鬱屈を抱えている人間が反応しているので、類は友を呼ぶことがよくわかるからおもしろい。

マシンガンズのネタというと

マシンガンズというコンビは、こんなおかしな人が世の中にいるということをピックアップし、それに対して怒って共感を集めるというネタをやってきた。

相棒の西堀亮と共に世の中の理不尽あるあるを見つけてきて、二人同時にふざけるなよと声を張り上げタイミングよく手を挙げるスタイルのぼやき漫才だった（現在もそのスタイルで漫才をやっている）。

もっとも共感を得たのは女性の行動あるあるで、それらのネタは男性の支持を得ていた。たとえば、女性と買い物デートに行ったときに多くの女性はこういうことがある。

西堀「ねえねえ、しゅうちゃん？　右の洋服と左の洋服、私にはどっちの方が似合うと思う？」
滝沢「う～ん、右かな。右の洋服の方がりょうこにはイメージがぴったりだと思う」
西堀「え～、私的には左なんだけど。しゅうちゃん、私のこと、何もわかっていない」
滝沢・西堀「じゃ聞くなよ!!」
滝沢「最初から答えが決まっていて左っていってほしかったんだろう？」
西堀「だったらそういえよ！　こっちはエスパーじゃねぇんだよ！」

というようなネタをやっていた。この手のネタは男性のお客によく受け、私もやるやる、とそのあるあるを楽しんでくれる女性もいた。何よりその当時、テレビ局で制作をするスタッフには男性が多かったので、スタッフ受けがとても良かった。
二〇二一年のこの時代になかなか「女」というくくりでひとまとめにするネタを披露す

るのはもう難しいと思うが、その当時はスタッフも含めて、テレビで流しても大丈夫だろうという時代であった。

テレビで流しても大丈夫だが、ぼくらにアレルギー反応を持つ人は少なくなかった。それは内容がどうのこうのではなく、ただ単純に「うるせえ」だとか「ふざけるな」という言葉に対して不快に感じて反応する人もいれば、「女とひとくくりにしないでください、私は違います」という主張、もしくは「あのネタは私のことをいっていますね？　なぜ個人攻撃するのですか？　告訴を検討しています」という意見もあった。

『エンタの神様』や『爆笑レッドカーペット』のような当時、視聴率の高かった番組に出させてもらえば、当然その反響は大きく、マシンガンズというコンビ、そして滝沢、西堀への個人攻撃も数多く沸き出てきた。

ここでひとつ問題だったのは、九年間、全くテレビに出ていない素人に近い二人がある日突然、批判の嵐に晒されることだった。

まだ批判に対する免疫ができていないし、まさか自分が批判の対象になるとも思っていなかった。ぼくと同じ立場になれば、みんなも同じことをいうんじゃないのかなと思っていたので、心底驚いた。いっていることが無茶苦茶だったらぼくらも批判を浴びる覚悟を持つこともできる。しかしネタというのは上記のようなもので、冗談の範囲の中で遊んでいるつもりだったので、本気でこれに対して怒る人間がこの世にいるとは思っていなかった。

当時はまだツイッターも今のように普及してはなく、ぼくの個人ブログのコメント欄にブログの内容とは直接、関係のない汚い言葉が並べられていった。

それまでマシンガンズを普通に応援してくれていたお客さんたちはそのブログに書き込まれているコメントの批判の群れを見て、ぼくら本人たちより心を痛めていた。

傷つけられている本人たちよりも批判されているぼくらを見て傷ついているお客さんを慰めるという事態に陥ったが、それをネタに昇華した。振り返ればその訳のわからない構造の中に組み込まれたぼくらは、批判されている自分に気持ちが向かなかったのが幸運で、お客さんのお陰で深刻な気分にならないで済んだのかもしれない。

「傷ついているのはお前らじゃない！　俺らだわ〜」という冗談を思いつき、且つそれがウケた瞬間に水を得た魚になった。

批判が笑いになるということで、ぼくらのことを批判しているコメントをひとつひとつ拾い上げ、金に変わるかどうかそれらのコメントを丁寧に読み込んでは、携帯の画面に向かって、いい返していた。そのいい返した言葉の響きが面白いものがあれば、メモにとっておき、次のネタにした。

ぼくらは批判をお金に変えることができたので、誹謗中傷に潰されるどころかそれらを利用させて貰った。

ただこれは芸能界にいる人がやればお金になるが、一般の人がやることではないので、批判している人や媒体を近くに置かないというのは生きる術として大切な技術のように思える。

ネットでたたかれて

ぼくが『エンタの神様』や『爆笑レッドカーペット』に出演するのをとても楽しみにしていた両親は手を叩いて喜ぶ一方、父親はネットに触れる機会があったので、ぼくらマシンガンズやぼく個人への批判にとても心を痛め、母親に「お前はネットを見ないほうがいいよ。秀一があまりにもひどくいわれているから、きっとぶっ倒れるよ」といっていたのを母親から後から聞いた。

その父親が見つけてきたのは2ちゃんねるだった。

当時、ネットに疎かったぼくは2ちゃんねるという名前を初めて聞き、早速調べてみた。父親は息子が批判されているのを心配してくれていたが、ぼくにとっては宝の山だった。マシンガンズというスレッドが乱立していて、そのどのスレッドにも事細かにぼくらの悪口が書いてある。金がザクザク落ちているような感覚だった。もちろん傷つかなかったわけではない。ひとつ悪口をいわれるたびに心がえぐられる。しかしその痛みは刺される強度が強ければ強いほど大きな金に変わるかもしれないと、ナイフに刺されながら、進んでいくような文字通り、身を削って生きていた。

2ちゃんねるに支えられながら生きている人たちもいるが、2ちゃんねるを嫌っている人もいて、ぼくの不思議な気持ちを語れば語るほど、その人たちは喜んで笑ってくれた。ぼくは芸能界で何とか生きていきたいが故に無理矢理、個人的な批判を解釈してネタにして昇華したが、一般の方はそこまでする必要がないので、時間の無駄を省くためにかかわらないのが人生において一番建設的ではないかと思う。

2ちゃんねるに書き込まれている悪口のパターンがあまりにも同じなので「芸がねぇだろ」と毒づきながら（毒づきながらじゃないとやってられなかった）、次の手立てを考えた。

得にするための解釈

その当時、妻がわからないことがあると、よくYahoo!知恵袋を利用していた。

「これ見てよ。『質問です。ジャスティン・ビーバーに迫られたらみなさんならどうしますか？　私はきっちりお断りします』とか書いてるの」

「そんなふざけた質問とかしている人いるんだね？　ちょっと見せてみて」とぼくは妻の携帯を借りる瞬間にこれはネタになるなと思った。ぼくは携帯を借りたまま、マシンガンズと検索してみるとぼくらの悪口で溢れていた。

「質問　私はマシンガンズが大っ嫌いなんですが、みなさんどう思いますか？」

「ベストアンサー　全く同感です」

ぼくはその携帯を見ながら「うるせーっつんだよ」と吐き捨てながら、メモをした。

好感度が売りのタレントならば、ぐっと飲み込まなければならないが、ぼくらは悪口を金に変えることが出来る。いわれた悪口をどうやって利用しようかと考えているあたり、当時からぼくらは目の前のものをどう解釈しようかと考えていたのだろう。

ぼくは西堀に話してネタを作り、テレビ局のスタッフにそのネタを見せたところ収録しようということになりＹａｈｏｏ！知恵袋のネタをテレビでやることになった。

すると自分らの悪口をいわれたと思っているネット住民がＹａｈｏｏ！知恵袋の中で再度、ぼくらの悪口をいってくれるのでネタに困らなくなるという小さな打ち出の小槌をその当時は手に入れ、少なくない数のテレビ出演に繋がった。

当時、誹謗中傷に心を痛めてただふさぎ込んでいたら、テレビのネタ番組に出演できなかっただろうから、嫌なことをどうにか自分の得になるよう知恵を絞った甲斐があった。

これはマシンガンズというコンビとしての不平不満を解釈するにとどまらず、ぼく自身も、相棒の西堀も方向性は違うが得にするためにどうするかを考えている。

現在、ぼくはゴミ清掃員としてゴミ捨てのマナー違反に腹を立てるだけではなく、どうしたらマナー違反がなくなるかについての言葉を発することにより、周知・向上に努めている。これもまたマナー違反への怒りだけに終わらせずに、住民のみなさんがどうしたら興味を持ってくれるか？　自分のこととして捉えて周囲の人に伝えてもらえるかを考えている。マナー違反のせいで嫌な気持ちになっても、その気持ちをそのまま自宅に持ち帰らず、仕事として解釈をして興味を持ってもらえるように考える。

ぼくはこのようにゴミ清掃員として解釈術を新たに発揮しているが、西堀に関してもそうだ。彼は生活における不満を何とか解消したい、これがこうならないかなぁと思いを巡らすうちに自分で商品を作ってみようということになった。『第24回　身近なヒント発明展』という発明コンクールで優良賞を受賞した。これもまた生活における解釈術である。使いにくい商品に対し、クレームを入れるのではなく、自分でこうなればいいのにと思い、作り応募し、受賞に至った。

現在は数社と商品化に向けて会議を重ねているという。

考えてみればクレームを入れて、企業側に直させれば、その時の気分は少しスッキリするかもしれないがこちら側には何の得にもならない。むしろ企業側に発展するヒントを与えているだけで、アイデアを出した上で新しく生まれ変わった商品にお金を払うという構図になる。それならば人が途中まで考えた商品に使いにくさがあれば、そこを修正して自分で売れば上手くいけば大金持ちになるかもしれないという宝くじを手に入れることができる、という解釈だ。

ぼくと西堀はそれぞれの道で、目の前のものをどうにかこうにかして解釈をして生きている。

さて、このような考え方も大切だが人は言葉と言葉を交わして生きている。

この章の冒頭での話に戻るが言葉ひとつで人は生き返ったり、命を絶ったりする。誹謗中傷を解釈することによって命を絶たず、ぼくらマシンガンズのように自分の人生においてプラスになるようにも働きかけることができるし、逆に良い言葉でも受け取る側によっては勝手にその言葉たちを拾い上げるものもいれば、右から左へそのまま受け流してしまう人間もいる。

何気ない会話でもプラスになるのならば、常に何かが落ちていないか何でも拾い上げるつもりで生活した方が得になる。これも生活の解釈術かもしれない。先輩も常に良いことをいおう、伝えようとして会話をしているわけではない。本人がそのつもりがなくても、こちら側が勝手に糧にするなら、悪くは思わない筈だ。

ぼくぐらい売れなかった芸人でも誹謗中傷をネタにする過程には、これだけの色々が詰め込まれている。雲の上にいる先輩たちが、ぼくの見ることのできなかった光景から得た人生論に、ぼくへの答えらしきものが垣間見え、会話の節々から漏れてくる。

先輩はわざわざ教えてくれないので、ぼくらが汲み取るしかない。

これもまた解釈力だ。
ぼくは芸人の先輩から多くのことを学んだ。

肥後リーダーの「ニヤニヤして戻ってこい〜」

まずはぼくの人生において最も影響を与えた言葉を紹介したいと思う。
この言葉は、太田プロの大先輩ダチョウ倶楽部のリーダー肥後克広さんがくれたアドバイスだ。

「思いついたことは何でもやれぇ〜。失敗したらニヤニヤして元の場所に戻ってこい〜」

これは芸人としての姿勢だけではなく、ぼくの人生をとても楽にしてくれた言葉だった。
この言葉をくれたのはこの先、芸能界で寸分の光も一縷の望みもない真っ暗闇の中。東高円寺の居酒屋でかけてくれた言葉だった。が、これは直接ぼくがかけられた言葉ではなかった。
ぼくの後輩芸人がこの先どうやって芸人活動を続けようか悩んでいるという話をしてい

た、その隣にぼくがいた。たまたまその後輩芸人が悩みを上島竜兵さんとリーダーに相談していたが、心の中でぼくも全く同じような悩みを抱えていた。

何かのキャラをつけようかどうしようか迷っている、こんなのはどうか、あんなのはどうか、といいながらもどこか自信なさげでその語尾は弱々しかった。

たとえば、その後輩芸人がキャラ付けで伊達メガネをかけたら少しは印象が変わってお客さんの心に残るかもしれないと相談していたとする。でもそれだけだと少し弱いかなぁ、などと独り言のような小さい弱々しい声で相談していた。

これはわかりやすく話を変えているが、本当の相談はもっと専門的で説明が難しいので簡略化している。

ぼくはその後輩芸人の相談している内容が痛いほどよくわかった。ぼくもいろんなことを試したいが、もしやってみて自分でダメだと思ったとき、キャラ付けに失敗して眼鏡をさりげなく外してなかったことにしようとしているなと周りの芸人たちから思われるだろう。それが恥ずかしくてなかなか一歩目が踏み出せないことが多い。ましてや歳をとればとるほど、行動しにくくなる。失敗したなと周りの芸人にいじられれば、まだ救われもするが、芸歴を妙に重ねてしまうと後輩芸人は遠慮してツッコんでくれない場合が多い。そうなると目も当てられない。

要するに無駄なプライドだけが気づかないうちに、少しずつ少しずつ鍾乳洞のように高くなっている自分に気づく。

そのときにリーダーは決して大きくはない声でまるで独り言のようにボソッといった。

「思いついたことは何でもやれぇ〜。失敗したらニヤニヤして元の場所に戻ってこい〜」

少し沖縄弁の混じった調子でつぶやくようにいった。説教臭くもなく、もしよければ取り入れればいい程度の軽い口調だった。

ぼくらの気持ちを見抜いているようなアドバイスだった。ここで大切なところは「ニヤニヤして」というパワーワードだった。

これが簡単そうに見えて実践しようとするとなかなか難しい。これは芸人としての芸だけの話ではなく、普段の生活、仕事、夫婦の間でも必要なことなのではないかとさえ思ってしまう。

友だち夫婦の会話を聞いていても、そう思う。間違えたなら、ごめんねとニヤニヤして謝れば、そこで話が終わるのに、間違いを認めないまま話が進み、飲み会の場で喧嘩をする夫婦がいた。頑なになると大体どんな話もややこしくなりこじれる。

企業で金をかけて事業をやろうとして失敗してニヤニヤして戻ってきたらそれは問題があるかもしれないが、金のかからないことに関しては、自分のプライドとの兼ね合いは自分で決着をつけることができる。芸人の話だけではなく、そういう人間にならなければいけないなと思う。

見落とされがちだが、思いついたら何でもやるということもポイントのひとつであると思う。思いついたことは何でもやる、ということの難しさは、これを読んでいる方々も実感されるとは思う。

思いついてもできるかな、いつかやろうという風に考えなかなか腰をあげることができない。ましてや失敗した時、周りにどんな顔をしようかなと先にその時の顔を練習する始末だったりする。

元の場所に戻ってきて、へっちゃらな顔をして、何も挑戦していないですよと今までと変わらず何ごともなかったかのように生活できる人間がいちばん強いのだと思う。

ぼくはきっとこれから先もこう思いながら生きていくのだろうなと思う。

有吉さんの「最後に売れればそれでいい」

次に紹介させていただくのも太田プロの大先輩で常に目をかけていただいている有吉弘行さんの言葉だ。

有吉さんにも様々な言葉をいただいている。ここではお笑いについての言葉をふたつ厳選して紹介したいと思う。

まずひとつ目は、

「賞レースで優勝して一気に売れようとかダセェこと考えるなよ」

という言葉だった。

ぼくは恥ずかしながらそのようにその昔考えていた。もちろん若い芸人たちが賞レースを目標にしてM－1やキングオブコントで優勝しようと日々鍛錬を重ねて優勝を目指すことは決して悪いこととは思わない。むしろ眩しいくらいに活き活きとした希望が見えて気持ちがいい。そう見るのはぼくだけではないだろう。

優勝して一気にドバッと仕事が入り、賞をもらったときと同じ漫才しかできることが何もなく、仕事がちょっとずつ減っていくような芸人人生を歩まないよう、ひとつひとつきっちり仕事をするために、お前自身には何ができるのか見つめ直せ、ということである。

何かができるということはすごいことである。

もちろん漫才ができるということは素晴らしいことだが、ネタ番組以外でもテレビの仕事をして芸能生活を送りたいのならば、流行り廃りで呼ばれるよりも、きちんとこの人にはこれをやって欲しいと思わせるような芸人になれということだとぼくは勝手に解釈した。

確かに映画やドラマだったら、漫才のコンテストで優勝したところで最終回を迎え、ハッピーエンドで終われるかもしれないが、現実はそこから先も芸人生活は続く。

目標を達成したら、そこで芸能生活がおしまいではなく、ひとつひとつが勝負なら、ひとつのプロジェクトが終わったのならば、次のプロジェクトと、目標を達成し続けなければならない。

ぼくは有吉さんのこの言葉で考え方がガラリと変わった。

そしてもうひとつの言葉は、

「最後に売れればそれでいい」

という言葉だった。

有吉さんが、この言葉をいったのは何の脈絡もなくあまりにも突然だった。

ぼくと相棒の西堀が有吉さんに寿司屋に連れて行ってもらったときのことだった。お寿司屋さんなので、店内でタバコが吸えない。ぼくは店の外に出て喫煙所でタバコに火をつけたところに有吉さんも出てこられた。

有吉さんもタバコを吸っていた頃なので相当、昔のことだと思う。

有吉さんはタバコに火をつけて突然、ぼくを見てさっきの台詞をいった。

「最後に売れればそれでいい」

きっと有吉さんは清掃員となったぼくの気持ちを察してくれたのだろうと思う。

マシンガンズとしてはこの先、あてになるような起爆剤もなく、ただ単に芸人を辞めないだけで、漫然と清掃員として働いている中、目標を見失っていたぼくに希望を持たせようとしたのではないかと思う。

後輩のぼくがいうのも気が引けるが、有吉さん自身、『電波少年』以降の自身が語っている暗黒の時代の頃、そうやって思いながら過ごしていたのかもしれないと想像した。ぼく自身、今の今が大変な時期なだけで、ずっとこれが続く訳ではないと最後に今より良くなればそれでいい、と励まされた言葉だった。

これを読んでいる方々も、今が大変でも決して自暴自棄にならず、最後に笑えればいいとじっと耐え忍ぶというのも、ぼくはそれはそれで消極的ではない素晴らしい選択肢だと思う。

最後に笑えれば今はいい

もそれはそれで素晴らしい解釈術だ。

上島竜兵さんの「もっと自分のいる世界を信じろよ」

ダチョウ倶楽部の上島さんからいただいた目から鱗の言葉を紹介したい。「柄にもない」とご本人は嫌がるかもしれない。

ぼくは本当に上島さんにお世話になった。

マシンガンズとして太田プロに入った当初から、ぼくは上島さんにすごくかわいがってもらった。飲みに連れていってもらい、さまざまな話を聞かせていただいたなかでいちばん印象的な言葉はこれだと思う。

「もっと自分のいる世界を信じろよ」

その当時、ぼくはこの言葉を上島さんにかけられハッと我に返った。

きっとぼくはあまりにも仕事がなくどこかひねくれた性格になっていたのかもしれない。みなさんも心当たりがあるかもしれないが、自分のいる世界に長くいればいるほど嫌な面も見えてくる。外から見ていた頃はすごく輝いていた世界だったのに実情は華々しくもなく、結局は人と人とのつながりで決まっていく仕事ばかりで、自分はその蚊帳の外だったりすることもある。

きっとどの世界でも力のある人、力のない人ではその世界の見え方が違うのだろう。見え方は違うが、ひねくれた見方をしていれば、ひねくれた人間が寄ってくるというのは不思議で本当に類は友を呼ぶのだが、それをきっちり正してくれたのが上島さんだった。

ちゃんと怒ってくれるというのは、とても優しい。年を取ってくると本当にそう思う。考えてみれば、上島さんからしたら後輩がどうなろうと知ったことではないだろう。それでも、滝沢にとってよくないことだからきっちり違うと思ったことは訂正する。怒られることに耐性のない若い人たちにはそれが苦痛でしかないことは、ぼくもその年齢を通ってきたのでもちろん理解はできる。しかし、中年に差し掛かってくるとその人のためを思って怒るということがどれだけパワーがいることかも理解できる。

話を戻して、

「もっと自分のいる世界を信じろよ」

という言葉の解説をしたいと思う。

これはとてもシンプルなのだが自分のいる世界をもっと愛するという言葉だと思う。自分のいる世界が今以上に愛せないのならば、逆を返せばその人はその世界からきっと今以上に愛してもらえないという意味だ。

確かにそうなのかもしれない。人と人を考えてみれば同じことがいえるかもしれない。好きじゃなかったら、好かれることも、ない。

色々なことはあるかもしれない。その世界の見たくない現実を見てしまったかもしれない。見たくない事実はひとつだけではなく数年にわたっていくつもいくつも見てきたのかもしれない。それによって自分のいる世界が好きじゃなくなったとしたのならば、なぜその世界にいるのだということを突きつけられる。

それはおそらく自分のいるその世界が今でも好きだからだ。

それならばもっと自分のいる世界を信じて生きていくしかないのだろうなと思う。

志村けん師匠の「好きじゃなきゃ」

これは別の機会だが、上島さんを通して一度だけ志村けんさんとお酒をご一緒させていただいたことがある。

志村さんもまた大きな声ではなくボソッと次のようにいった。


「頑張っているうちはダメだよ。好きじゃなきゃ」


ただの偶然ではあると思うが、師匠はぼくの目を見てこの言葉をいった。

本当に何かを見透かされているような気がして、驚いたのを覚えている。

とても深い言葉である。

当時、ぼくらマシンガンズは自分らではっきりいえるほど頑張っていたと思う。ネタ作りやコミュニケーション、その全てをお笑いに注ぎ込んでいたと思う。もっともっと頑張らなければだめだとさえ思っていたかもしれない。

そんな時に志村師匠にお会いして、こんな言葉をもらったのだから、それはお笑いの神様の言葉だと背筋が凍った。

好きじゃないと続かないということだ。頑張りももちろん悪くないが、頑張りだといつか息が途切れる。やりたくない仕事をやる場合は頑張りかもしれないが、嫌なことをずっと続けることは難しい。やはり好きになることが一番いいのかもしれない。

志村師匠とずっと一緒にいた上島さんはそのイズムを受け継いで、そしてどうでもいい後輩だったらいわないであろう、「自分のいる世界をもっと信じろ」という言葉をぼくに伝えてくれた。……とぼくは勝手に思っている。

人に認められると、自分のいる世界をもっと信じてみようかと素直に思える。

ビートたけしさんの「いいところ見つけて、テキトーに稼げよ」

次の言葉は完全なまた聞きだが、この言葉もぼくにとても影響を与えている。

本当におっしゃったのかどうか実は知らない。

ただ先ほどもいったように、いい言葉をいわれて、それを感じ取るということではなく、何気なくおっしゃったところをこちら側がどうやって解釈するかが最も大切なところである。

なのでぼくは勝手にその解釈をここで発表したいと思う。

ビートたけしさんのお言葉である。

「いいところ見つけて、テキトーに稼げよ」

これはぼくの女友だち芸人がオフィス北野に入った時に、事務所で偶然たけしさんにお会いしたときに突然いわれた言葉だそうだ。

この言葉の前に「ねぇちゃん!」と言われたので、きっと本当にいわれたリアリティーがある。

ぼくの女友だちはどういうことだったのだろうと首をひねっていたが、ぼくは勝手に解釈した。

きっと誰もがお笑い界のトップを目指す。それは悪いことではないがそうなれるのは本当に実力と運が重ならなければその位置に座ることはできない。ましてやたけしさんは唯一無二の存在であり、それを自分でもちろん知っている。自分の事務所に入ってくる芸人は少なからずとも一度や二度は自分の背中を見て、目指すかもしれないとたけしさんは考えるだろう。その時に自分を目指すのはどうかな、とたけしさん自身が考えるのではないかなとぼくは想像する。それはきっと優しさだろう。

たけしさんは後から追ってくる後輩たちが自分の位置を目指すようになると自分を責める。たけしさんになれない芸人たちは努力が足りないからだ、と苦しむのではないかと考える。

決して自分の位置がすべての芸人の目指すべき場所ではないと考え、その人にはその人の活躍できる場所がある、そこを見つけろよといっているような気がした（ぼくがいわれた訳じゃないんだけどね）。

自分の活躍できる場所＝いいところ、そこを見つけて、テキトーに稼げ、といっているのかもしれない。

「テキトーに稼げ」というところがまた味わい深い。

この表現は先ほどの自分のいる世界をもっと信じろとは真逆なのかもしれないが、これもまた芸人ひとりひとりの感じ方によって変わるから、それぞれとてもぼくの心を魅了して離さない。

この言葉の意味には、そんなにねぇちゃんたちが思ってるほど素晴らしい世界じゃないから、もらえる金はきっちりもらって楽しくこの世界で遊んで過ごして、心を壊さないようにと配慮してくれているのかもしれない。この言葉が耳に入ってきたとき、ぼくはもうゴミ清掃員の仕事をしていたので、その環境で生きていけよといわれているような気がした。

その人の置かれている環境や年齢、どのような心持ちかにもよるが、「もっと自分のいる世界を信じろ」という側面と、「テキトーに稼げ」の両方の側面をそれぞれあわせ持っていたほうが、心のバランスを保つのにいちばんいいのかもしれない。

その証拠にたけしさんは若い頃、次の言葉を述べている。

「急げ、時は待ってくれない、早く時間を止めろ。さもないと　金も、名誉も、女も、若さも、皆逃げて行く」

これもぼくが大好きな言葉ではあるが、「いいところ見つけて、テキトーに稼げよ」とはおそらく違う精神状態から発せられた言葉だろう。そしてこの言葉を知って、振り返ってみると本当にこの通りだなと思った記憶がある。

一貫性より「生き抜く」ことが大事

他の例で解釈の仕方を説明してみよう。

たとえば好きな女の子に告白をする時はとても緊張する。「○○ちゃん！」と踏み込んでいった瞬間、もう後戻りは出来ない。きっちりと好きだと告白しなければならない。その瞬間、告白する相手はこっちを見ているし、胸の高鳴りは止まらない。まるで時が止まったかのような緊張感を味わわなければいけない。しかし、このように時を止めるような思いをしてその緊張感を乗り越えなければ、時間は過ぎてしまう。これは女性に告白をする時だけではなく様々な場面、仕事など勝負のときはいくつかある。勝負をしなければいけないのに見て見ぬふりをしていれば、時間は過ぎ年をとり金を手に入れられなく、名誉も手に入らない。すべて逃げていくということをきっとたけしさんはおっしゃっているのだろうと思う。

このようにたけしさん自身もその時々年代によって、解釈を変えていったのだと思う。ぼくらにとっていちばん大切なのは、一貫性を持つということではなく「生き抜く」ということなので、都合のいいものを、その時々でチョイスをして、誰かに指摘されたら、そんなことないと一貫性を貫こうと自分のプライドを守ろうとせずに、ニヤニヤしてそうかもしれないとすぐに認めれば楽に生きられるのかもしれない。

楽に生きるということでいえば再びダチョウ倶楽部のリーダー肥後克広さんの言葉を借りたいと思う。

もうこうなってくると名言でも何でもないが合計三文字で人がこれほどまでに楽になるということをぼくはリーダーから教えてもらった。

その名言は後々お話しさせてもらうが、そのために舞台を整えさせていただきたい。

肥後リーダー究極の三文字

二〇一六年にぼくと妻にふたり目の子どもが産まれた。

一人目の長男は仮死状態で生まれたので、出産というものがとても大変だということを覚悟していた。

生まれてくるまで二日半かかった長男とはうってかわって、ふたり目の子どもは陣痛がきてから六時間で生まれてきた。

娘が何事もなく元気に生まれてきたことに胸をなで下ろしたが、高齢出産やぼくがお笑いをやりながらゴミ清掃員の仕事で家になかなかいることができず妻に負担をかけてしまった。

妻は出産後、二週間ほどで産後うつに陥り病院からは入院が必要だといわれた。

妻は病院に入院し、まだ三歳だった長男は都内の実家に預け、生まれたばかりの娘は施設に預け、ぼくはゴミ清掃があり高円寺の自宅で寝ていたので、四人ばらばらで生活していた。

ゴミ清掃の仕事が終われば、そのまま娘の施設に面会に行き妻に届けなければいけないものを届け、息子を寝かしつけに実家に行く。その頃はまだネタもやっていたので電車の中で新ネタを考え、帰りは小説を電車の中で書いていた。

帰ってすぐ寝るが、眠る時間は短く、眠れないとだんだん人間は精神も衰弱してくる。

そんな毎日が続く中、たまたま上島さんが飲みに誘ってくれた。

たまには来なくていいと母親が常々いってくれていたので、その日は母親の言葉に甘えて娘の施設に行き、妻の病院に物を届けた後に飲みに行かせてもらった。

偶然、次の日が休みだということも重なって全てのタイミングが良かった。

飲み屋に行くと上島さんとリーダー、数人の後輩がいた。

初めは楽しく飲んでいたのだが、時間も深くなり、「最近、お前はどうだ？」という話になった。

ぼくはそんなことをしゃべること自体どうかと思ったが、隠していても仕方がないので、ゴミ清掃の仕事のこと、娘が生まれたことをそのまま話した。

するとリーダーが次のようにいった。

「まぁ、色々あるんだよ。そうなんだよ。人が生きるということはいろんなことがあるんだよ。芸人が特別な人間とかじゃなく、普通の人と同じ生活を送っているなかで芸人をやっているんだよ。でもいろいろいわずみんな一生懸命に頑張っているんだ。そんなときはなぁ、こういうんだ……」

ぼくは自分の唾をゴクンと飲んだ音が聞こえたような気がした。リーダーが何をいうんだろうなと思いその次の発言とリーダーの顔を刮目した。


「ひゃ〜」

「ひゃ〜!?」

「そう。ひゃ〜」

「どういうつもりですか?」

「どういうつもりもクソもねえんだよ。ひゃ〜っていうんだよ。ぜんぶ含めて、あらゆるものを含んで、ひゃ〜っていって、やり過ごすんだよ」

一〇秒ぐらい意味が分からなかったが、その一〇秒でぼくは解釈した。

そういうことだな、とぼくは思った。

深刻になればなるほど、深刻な事態が襲ってくる。それはこっちの解釈の仕方で悪く解釈をすれば、限りなく悪く解釈することも可能だ。

そんな人に誰が近寄るだろうか?

自分が引っ張られて暗くなったりするのでそんなぼくのことを避けるだろうし、近寄ってくる人でも何かメリットがなければ寄ってこない。何かの勧誘であれば近寄ってくる人はメリットがあるので、そんな類の人しか集まらない。もしくは同程度の状況に置かれている人が寄ってきて互いに傷を舐めあって大変だねとさらに悪い想像を働かせて悪い解釈に拍車がかかる。

暗くなって得することはないということをリーダーは暗にふざけていっていたのかもしれない。あるいはただふざけていただけなのかもしれないがそれはリーダーの問題ではなくこちらの解釈の仕方によって気分の持ちようが変わってくる。

その二カ月後に妻は退院をし、その半年後に娘が施設から帰ってきて、現在に至る。

今田耕司さんの「どんなときも笑っとったらええねん」

その数年後、ある番組で滝沢家を密着してもらったことがある。

ぼくが四三歳の時なので、この大変な状況から数年経っている。この本を発売する一年ほど前の話だ。

この番組は、滝沢家は貧乏だけれども明るく楽しく暮らしているということを特集したいということで密着してもらった。

ぼくは貧乏性ということもあるが、食品ロスを極限まで減らしたいと思っているので、野菜の皮などを何とかギリギリまで使っている。その様子にスタジオは完全に引いていたが、ぼくは当たり前の生活でなるべくお金をかけずに暮らしたいと思っている。

なので子どもたちと遊ぶときも家にあるものをうまく活用して子どもたちと遊んでいる。密着してもらった時は布団を使って、子どもたちと四人で遊んだ。

心底笑う子どもたちとぼくを見て、司会の今田耕司さんがボソッとこんなことを言った。


「せやねん。どんなときも笑っとったらええねん」


スタジオにいた方々にも聞こえないぐらいの声のトーンだった。小さな声でさらりといっていたので、そのセリフは番組ではピックアップされていないが、ぼくは心が揺れた。

その何気ない言葉の裏に今田さんの歩んできた人生の一部が漏れ出てきたような気がした。

それはもちろん今田さんのような大スターであっても私生活で様々なことが当然あると

思うが、その渦中にいてもきっと笑っていればいいのだというところにたどり着いたのかもしれないと感じた。

肥後リーダーの「ひゃ〜」と精神は近いものがあるのかもしれない。

そういえば笑福亭鶴瓶さんもその昔「テレビに出たら笑とうたらええねん」といっていた。

ちょっと先のパターンとはニュアンスが違うが、とにかく何があっても笑っていれば間違いないということではないだろうか？

確かに難しい顔をしているより笑っている方が人は近付いてくる。こんな昔からいわれているような答えにたどり着くのは癪だが、でも先人たちがぼくらが見たことのないような光景を見てきた中で本当にそうだと思い、たどり着いた答えならば、本当にそうなのだと思う。

笑う門には福来るとはいうけれども、こんなによくいわれている諺が、実際の生活の中や特殊な芸能界で過ごしている人たちが最終的に導き出した答えならば、まず間違いないのだろう。

松村邦洋さんのお母さんの言葉

最後にぼくの好きな、とっておきの言葉をお披露目してこの章を終わりにしたい。

この言葉は太田プロの先輩の松村邦洋さんのお母さんの言葉だ。

松村さんにもすごくお世話になっている。

もう何年も前になるがライブ終わりに松村さんにご飯に連れていってもらった。

二軒目でガールズバーに連れていってもらい、お酒を飲まない松村さんは炭酸水を飲みながら、特段、女の子とも話すわけではなく淡々とぼくに付き合ってくれた。

そんな中で印象的だったのが松村さんが『電波少年』の頃、お母さんからいわれたという言葉だった。

「あんたには才能がない。あんたで笑ったことなど一回もない。本当に面白くない。だからあんたは人から可愛がられる人間でありなさい」

『電波少年』で毎週、日本中の人たちを笑わせていた頃の話である。

ぼくはその頃、お笑いを一生懸命に勉強していた。人のネタを見てはノートに書き起こし、どういうときに笑いが起きて、どういう構造になっているのだろうと考えていた。そんなことばかりをやっていたのでお笑いというのは大変だな、と思いながら苦痛にもなっていた（この状態があったから、後に聞いた志村さんの「頑張っているうちはダメだよ。好きじゃなきゃ」という言葉が突き刺さったのである）。

あるとき、ビデオを見ながらのノートへの書き起こしが終わったので、テレビにしたら『電波少年』で松村さんがコモドドラゴンに追いかけられていた。腹を抱えるほど笑い、お笑いって分析してわかるものではなく、結局、こういうことだよなと思った記憶がある。

ぼくは（たぶん日本中が）松村さんを見て腹を抱えるほど笑ったのに、松村さんのお母さんはわが息子で笑ったことは一度もないといっている。

自分の息子に対しては厳しいのかもしれないが、愛情が見えるのは、才能で生きていかないで、人に可愛がられる人間になりなさいという点である。

才能は枯れれば人は離れていくが、人に愛されている人間は、いつまでも人に囲まれ続ける。息子にとってそれが幸せだろうから、本当はおもしろいと思っていてもあえていった言葉なのだろうと想像できる。

どのような生き方をするかについて、ぼくが聞いたり、また聞きしたりした先輩たちの言葉と、垣間見てきた芸能界の裏を紹介したが、受け取る側が、つまりこれを読んでいる方々がどう解釈するのかによって響く言葉が変わってくると思う。

この章の解釈術は働き方というよりも生き方にシフトしてしまったが、ネットの悪い言葉に反応してよからぬ解釈をして口論で時間を消費するよりも、生活の中で生きる糧となる言葉はないかとアンテナを張り、楽しく暮らしていた方が建設的なので絶対にそちらをオススメしたい。

第五章　セレンディピティという視点

セレンディピティとの偶然の出会い

コロナ禍になって以降のことだが、最近「セレンディピティ（serendipity）」という言葉に出会って強い興奮を覚えた。

この〝言葉〟こそ、この本を読んでいる読者の方々に知ってもらい、欲をいえば、覚えてもらいたいと思って、ここまで書いてきた。ようやくここに、たどり着いた。

このセレンディピティが意味することは何かというと、

偶然の出会いから、何らかの価値を見つけること

である。

これこそが、ぼくの仕事に対する向き合い方で、本書を通して何度も繰り返し書きつづってきたことだ。

こういう価値観、発想が注目されているとすれば「みんな、偶然の出会いから何の価値も見いだせないことがほとんど」という現実の裏返しだろう。

考えてみれば偶然の出会いは日々、誰もが、無数に経験しているわけで、すべての出会

いに特別な価値を求めていたら大変なことになる。ただ、どんな出会いにも感謝の気持ちで接することは気持ちひとつでできるので、それはすぐにできる。その出会いを通じて特別な価値を発見できるかどうかの保証はなくても、感謝の気持ちがあれば、出会いから可能性は拡がるはずだ。

ぼくはこの概念を知ったとき、「まさしくこれはぼくのことだ」と叫んでしまった。

本当はお笑い芸人だけで生活したいのに、それがままならないのでアルバイトを見つけようと、九社面接に行った。そしてそれらすべてに落ち、お笑い芸人を廃業しようとしたときに、元芸人の坪井とゴミ清掃に救われた。

しかし、働いているうちあまりのハードワークに音を上げそうになったが、年齢が原因で他のアルバイトを落とされているので辞めるに辞められない。そのなかでぼくが何を見つけたかというと、「漫才以外に何ができるか？」という自問だった。何もなかった。何もないのであれば何かできるようにしなければならない。だったら目の前のこのゴミ清掃という仕事を極めて、日本一のゴミ清掃員になろうと決めた。

これがぼくにとってのセレンディピティだった。

誰のために何の仕事をするのか？　という問い掛けから始めることにした。

まずは自分のためだった。家族のために働いてはいるが、ぼくの感覚では自分が満たされなければこの先もずっと働き続けることができないような気がした。

そして、ネガティブな要素から検討することにした。

一体、ゴミの仕事の何が嫌なのか？

もちろんさまざまな要素はあるが、お笑いで売れないから仕方がなくゴミ清掃員をやっているということも、この仕事が嫌だという要因になっていた。ゴミの仕事とお笑いを切り離した。

もちろんハードワークやゴミ出しのマナー違反、特別臭いゴミや増えていく仕事量などの問題もあるが、人がいいゴミ清掃員やドライバーに囲まれているので、人間関係の苦痛がないだけでも、まだ我慢が出来る。

ではいちばんの苦痛は何かというと「感情が動かないこと」だと気づいた。

ゴミ清掃員として働きながらも、心の中はお笑いで売れるためには、どうしたらいいのだろうと考えながら従事していたので、今、行っている作業に対しては何の感情も動かなかった。

これがいちばんつらかった。

目の前のことに集中していなかったので、驚いたり、感心したり、知識を蓄えようという気持ちがなかった。怒りはマナー違反に向けて多少はあったが、これは仮の姿で芸人としての自分が本来の姿だから、今、目の前で起きている理不尽はぼくの人生に何の意味も持たないことだと思っていた。

ぼくはそれからしっかり腹を立てることにした。腹を立て、どうしたら住民のみなさんたちの理解を得られるか、ゴミに関心を持ってもらえるにはどうしたらいいか、ゴミを回収する特殊なテクニックを身につけてそれで人を驚かせる日が来ればいいなと研究をしてみたり、逆にゴミ清掃員のことを配慮してくれる主婦のテクニックに感動してみたり、ひとつひとつを吸収しようとすることで、さまざまなことが見えてきた。

自分が怒った対象をすべてメモに残した。それはいつか来るであろう芸人として特技を披露する何かの番組のワンコーナーを目標にして、ゴミ清掃員という副業を本業に活かそうと思ったのだった。

副業と本業がひっくり返ってから

すると。見事に副業と本業がひっくり返った。ぼくにとってはもうどっちが本業でどっちが副業かなど別段、問題ではなくなった。

その当時は、芸人仲間でも「ゴミ清掃の仕事をしている」と舞台でいわない方がいいという人も多くいた。彼らは、お客さんは必ず芸人のサクセスストーリーを期待しているのだからといった。

今でもSNSなどでは、本業の漫才がままならないのにゴミ清掃員としての話ばかりして恥ずかしくないのかと罵声を飛ばされることもある。

しかしぼくには、それはもうどうでもいい問題になっていた。人が何を言おうが自分は自分の人生を歩むと決めていたのだ。

たまに夏の炎天下、走り続けるハードワークをこなしていると、何も考えないロボットになりたいと思うこともある。手も足も機械で、息も切れない、お腹も空かない存在になりたいと思いながら、仕事をすることもある。

それはそれとして一時的なものであるので、その気持ちもメモをして、今ここで書いている。それすらも役に立っている。感情はすぐに忘れてしまうのですべてメモをしておくことをぼくは勧める。でないとぼくはすべて忘れてしまう。一〇代の頃、何に対して怒っていたのか、何に対して希望を持っていたのか、四〇代になればかけらも覚えていない。

もったいないことをした。一〇代には一〇代にしか感じられないものがある。人生でいちばん若いのは今日である。今日の日に感じたその気持ちをメモに残して二〇年後に読み返してみるのも面白いのかもしれない。

ゲームもすすんでやるから楽しい

ゴミ清掃を始めてから三年たって、ぼくはひとつでも知識を持ち帰ろうとゴミ清掃に焦点を合わせられるようになり、仕事が楽しくなってきた。

ダブルワークであっちの芸能の仕事にこっちの視点がいきてくるぞ、と考えながら働いていると、もっと、もっと知りたくなる。

考えてみればそれはそうかもしれない。学生のときは、勉強しろ、勉強しろと言われながら勉強するので、苦痛でしかない。しかし、大人になってから自ら書店に行ってテキストを買い求める人も少なくない。勉強するために大学に行き直す芸能人もいる。

ぼくも子どもには、勉強しろ、勉強しろと繰り返しいうのも嫌になるほど怒るが、なかなか勉強はしない。勉強はしないが、ゲームはすすんでやる。

ただ、このゲームでも、一万円あげるから明日までにクリアしろという生活を繰り返していたらきっとゲームも嫌になるだろう。ゲームもすすんでやるから楽しいのだ。

ぼくはゴミ清掃員が本業だと決めた日から、これはゲームだと思いながら仕事をしている。早く仕事を終わらせるロールプレイングゲームで、どんな住民の方がいるのかを考え、その特徴を把握すればトラブルも少なくなる。住民の方が気持ちよく生活できるためにはどんなふうに集積所を配慮すればいいかなどを考えながら回収している。すると、やるべきことが次から次へと湧いて出てきて、大変で、おもしろい。

この大変で、おもしろいというのがポイントだ。

大変だからおもしろいのだ。

これがぼくの解釈術なのかもしれない。

大変であればあるほど、どうやったら楽しめるのかを、考えるのが楽しい。

町の日常は誰かがつくっている

そうやって楽しんでいると思いがけない光景にたまに出会える。

あるとき、いつもより少しゴミの量が多い大変な一日の終わりに、回収してきた道を戻っているとオレンジ色の夕陽がぼくらの回収してきた道を照らしていた。その光景はとても美しく、きれいだなと心で思っているとドライバーも同じことを感じたらしく、「きれいになったなあ。あれ、俺たちが回収したんだぜ」とぼくらがゴミを回収し、きれいになった集積所を指さした。ぼくらはその集積所のビフォーアフターを見ているので、その光景がどれだけ美しいものかわかる。オレンジ色に照らされているその集積所は一日かけて回収してきたことの象徴だ。ドライバーは誇らしげだった。ぼくはこうやって日常というものが作られているのだなあとあらためて思った。

日常というものは当たり前にあるのではなく、誰かが必ず作り上げているものなのだと認識した。外国でゴミ清掃員のストライキによって町がゴミで溢れたというニュースを見たこともある。一〇〇年前のスペイン風邪のときは伝染病で清掃崩壊が起こり、ゴミが回収されなくこのときも町がゴミで溢れたそうだ。

ぼくらはたしかに日常を作っている。大事なライフラインの一端を担って仕事をしている。ぼくは唐突に自分の仕事が社会とつながっていることをその夕陽を見たときに実感した。

なぜ働くか？　という問いは、一度置いておいて、なぜその仕事でなければいけないのかという問いにはぼくは次の答えを出している。

この仕事を通して、ぼくはどんな光景を見るのか

ということを重視している。

この仕事でしか感じられないもの、この仕事でしか知りえないもの、この仕事でしか見られない光景、そういったものを手で触り、肌で感じ、何を思うかということが、この仕事に就いた意味ではないだろうか。

これを感じ取ることができなければ、他のなんの仕事でもお金をもらえればかまわないということになる。

これらを知ることがぼくはその仕事に就いた醍醐味のように思える。

これがぼくの仕事解釈術だ。

第三章で話した青木新門さんもこの領域にたどり着いたに違いない。

納棺師の仕事との出会いは、奥さんが投げつけた新聞が偶然、求人欄を開いて落ちたこ

とから起こった。まさにセレンディピティだと思う。しかし、出会っただけで即、そこに価値があることを見つけたわけではない。青木さんは面接に出向いて「とんでもないところへ来た」と思った。青木さんは偶然に出会った仕事を続けるなかで、仕事の価値を見出していったのだった。

父親のこと

死ぬまで働くのかという問題もあるので、ここで「はじめに」で書いた父親のことを振り返りたいと思う。

父親は五七歳でこの世を去った。

原因はアルコール依存からくる肝不全と腎不全だった。棺桶に入れるときの、納棺師さんは家族を気遣い静かに配慮して納棺してくれた。青木さんもこのようにプロの仕事をしていたのかその影を追ってみた。

葬儀場では、死ぬにはまだ若かったのでずいぶんとしっかりした骨が残っていたのが印象深い。仏が手を合わせているような形に見えるので、喉仏というのだと火葬場で教えてもらった。父親が手を合わせ天に昇っていった姿を見た。

父親は亡くなる直前、意識が朦朧とするなか、仕事があるから入院はできないと仕事場に向かおうとしていた。それを止める母親を見て仕事というのは恐ろしい洗脳だとも思った。

そのことについて話す前にどのような父親だったのかここで記述しておきたい。

ぼく自身は新潟県十日町市で生まれたのだが、すぐに千葉県流山市に引っ越したらしい。その後、埼玉県八潮市の方に引っ越したのだが、父はそこで工務店を経営していて社長だったということだ。父の経営していた工務店はどんぶり勘定がたたってつぶれたと大人になったぼくに母親が語っていた。話をつなぎ合わせてみるとどうやら最終的には夜逃げをして、東京都の足立区に流れ着いたようだ。なんとなくは覚えているがきちんと記憶があるのはこの足立区からなので、ぼくの故郷は足立区ということになっている。

足立区立花保小学校を卒業し、花保中学校に入学し、地元の都立足立高校を卒業している。足立高校は入学するまでまったく知らなかったのだが、ビートたけしさんも卒業生だということだ。体育を担当していた山口先生というおじいちゃん先生がよくたけしさんの話をしてくれた。

「たけしは暗かったよ。でもただあいつはいろんな先生のモノマネをして、皆を笑わせていたなぁ」

子どもの頃、母親の影響でツービートをよく見ていたので、その思い出話はたまらなかった。

大学は千葉県にある東京成徳大学に合格し、貧乏性がたたったのか、どうせ授業料を払うのならば、フルに授業を入れてしまえと四年生になっても、ビッチリ授業を入れ、卒業するのに必要な単位は一二八なのに、ぼくは二〇〇以上の単位を取得した。

話を戻したいと思う。

元々、父は工務店を経営していたようだが、その会社を倒産させてしまった。その当時のことを、今でもうっすらと覚えている。

家に借金取りのヤクザが来て玄関を叩くのだ。そんなとき母親が「かくれんぼしよう」と言って、一緒に押入れに隠れたのも覚えている。借金取りが帰ったのを確認すると、母親とぼくは「もう、鬼はいないから」と言って押入れから出る。ぼくは「これは、普通のかくれんぼとは違うな」と気付いていた。

父親にこういった話を詳しく聞く機会がなかったが、このときの借金は返したと言っていた。ぼくが小学校に通っていた時期は、時代がバブルの絶頂に向かっていた頃だ。当時は不動産業界で働いていた父が、ポルシェを二台乗り回していたのを記憶している。父もバブル景気を謳歌していたのだろう。

ただし、母やぼくのところに、その恩恵が及ぶことはほとんどなかった。ポルシェだけではなく、父親がブランドもののスーツを着ていても、家族が同レベルの生活を享受することはなかった。ぼくはそれを当たり前だと思っていた。

そしてポルシェの支払いでもまた、家に借金取りが来たはずだ。家の電話が鳴るのは、借金取りからと、夜中にかかってくるいたずら電話だった。いたずら電話はおそらく父親とこじれた愛人からだったのではないかとにらんでいる。今考えてみれば、無茶苦茶だった。しかし、そんな父親を嫌いになることはなかった。めちゃめちゃ明るかったからだった。

父は亡くなったとき、預金口座には二万円ぐらいしか残っていなかった、と母親がいっていた。歌手を目指して一五歳で上京してきたと言っていたが、借金取りにも追われたが、ポルシェも乗り回し、最終的に収支がほぼ「プラスマイナスゼロ」というのは、考えてみれば、羨ましい人生だ。逆立ちしたって金は出ないと言っているようで昭和の芸人みたいな人生だった。しかし、母のために葬儀代ぐらいは残しておいてもいいだろうとは思った。

そういえば、二〇歳の頃一度、キャバクラに連れて行ってもらったことがある。

「いいか、キャバクラというのは、こうやって遊ぶところだ！」

そう言いながらキャバクラ嬢の指をベロベロと舐め回していたが、嫌がっているキャバクラ嬢の顔を見ながら、こうやって遊ぶところではねえだろう？　と心のなかでツッコミを入れながらもぼくは何もいわなかった。父親はガハハと笑っていた。

そんな父親も、最低限の生活費を決まった額、毎月、母親に渡していた。不思議なことに、お笑いという稼業を続けながら、ぼくも毎月定額で二三万五〇〇〇円という生活費を妻に渡している。妙なところが似ていて不思議なものだと感心する。

父親は、ぼくがお笑い芸人を続けているのとは逆に、歌手志望の夢を早い段階で諦めている。趣味として民謡を歌うことは続けていたが、もし、ぼくのようにダブルワークをしながら歌手として売れる夢を追い続けていたら、どうなっていただろうか。あまり想像できないが、もしかしたら工務店や不動産の仕事に出会えたことを感謝して、別の展開になっていたのかもしれない。親子でダブルワークをしていたらおもしろいなと思う。母親はまともなやつはいないのかというかもしれない。

父親の憧れていた千昌夫さんもダブルワークの走りではないかと思う。千昌夫さんは『星影のワルツ』や『北国の春』などのヒット曲で知られ、『NHK紅白歌合戦』に一六回も出場している。

さらに千昌夫さんについて調べてみると、副業の範疇をはるかに超える凄まじいものだった。不動産ビジネスに力を入れ、バブル景気で地価が高騰していた当時は「歌う不動産王」と呼ばれ、当時の資産は数千億円。そういえばコロッケさんが演じるモノマネは「おら、カネ持ってんどー」だったと記憶している。

不動産王の千昌夫さんに憧れていたかどうか分からないが、奇しくもぼくの父親も不動産の会社に勤めることになった。父親は、雇ってくれた社長の素晴らしさをよく語っていた。自分も会社を経営していたので何人も雇っている社長という存在の凄さを実感していたのだろう。

父は上司に恵まれていた。

「自分の上司は将来の自分の姿だ」

と父親はよく言っていた。たしかにそうなのかもしれない。会社の方針に従い上司は部下を教育する。その教育を受けた部下は長い年月をかけて上司になっていく。

自分の上司を見て、これが自分の将来の姿かと思い、残念に思うのなら、その残念な伝統を断ち切るか、他に求めるしかない。他の場所に求めるならダブルワークの働き口にいる上司であってもぼくはいいと思う。

人のために働くということ

ぼくはまずは自分のために働くといったが、人のために働くというのももちろんいい。結局、金のためだけだと長続きしない。

ぼくもさまざまなアルバイトをやったが、給料がとても高かったがもう二度と戻りたくない仕事も経験した。二二、三歳のときに一日二万円もらっていた。その当時の二万円はなかなか高収入であり他にアルバイトでそれだけの報酬をもらえる仕事は悪いことをしない限りなかった……。

この仕事は悪いことをしているわけではないが、道を歩いている人に「くじ引きをやっています」といって、当たりしか入っていないくじの箱から引いてもらう。それで、「大当たり」と叫んで鐘を鳴らし、衛星放送のチューナーが当たったと大騒ぎをして契約を結ぶという仕事だった。くじを引いた人には毎月の利用料を取られるということで睨まれはする。

ノルマはないが、最低限一〇件契約を取らなければ電話口で怒鳴られ、会社に帰れば八階から飛び降りろと怒鳴られるとんでもない会社だった。契約が取れればその上司は猫なで声で「よくやった」と褒めるが、ぼくはいつも心のなかでバカにしていた。そこは一カ月で辞めた。

あまり覚えていないがその当時のぼくにとっては高額な報酬をもらったがやはり金だけだと続かない。

どうしても体に合わなければ、とっとと逃げるのが賢い。人生の時間は限られているので時間という財産を消費してしまう。ここでは無理やりセレンディピティを探さなくても臨機応変に生きていくことをお勧めする。

ここは自分のためではなく他人のため、自分以外のもののために働くというのもひとつの動機になる可能性はあるので検討する価値はある。

ぼくはゴミ清掃員でもこんな人に出会ったことがある。彼はドライバーで、突然ぼくにこんな質問をしてきた。

「滝沢さんって何でゴミ清掃やっているんですか？」

「なんでか、かぁ〜？　好きだからじゃないかな」と冗談めかしていった。

「あ、そうなんですか!!　ぼくと一緒じゃないですか!!　ぼくもこの仕事好きで始めて、ずっと続けているんですよ。正確にいうとゴミ清掃が好きなわけじゃなくて、ぼくは生まれ育ったこの町が好きなんです。この町をずっと綺麗にし続けたいと思ってこの仕事を選んだんです。滝沢さんと根本は似ていますね」と興奮気味にいっていたが、じつはぼくはもともと金のために働き始めたとは到底いえる雰囲気ではなかった。

「お、おれも、そ、そんな感じかな」と言いながら口が曲がりそうになった。

彼ははっきりとこの町が好きだからこの仕事を続けたいという理由を持っている。きっと彼はこっちの会社の方がいいのかなと迷うことはあるが、ゴミ清掃という仕事に対して迷うことはない。

アルゼンチン人女性ドライバー

もうひとり紹介するのはアルゼンチンからやってきた女性のドライバーの話である。

彼女は日本に来たとき、まったく日本語が喋れなかった。今では上手に日本語を使う。

仕事で使う漢字は分かるが自由自在には扱えないと言っていた。

なぜ彼女が日本にやってきたかというと、小さい頃、親戚のおばさんが、日本が大好きで何度も日本に旅行に行ってはお土産を買ってきたそうだ。

そのうち私も日本に行ってみたいと思うようになったが、地元の工場で働いていた。「私は今こうやって工場で働きたいのか」と自分で問うようになり、本当は車を運転する仕事がしたいと思ったそうだ。

クルマを運転する仕事と日本に行くという両方の夢をいっぺんにかなえようと思い、日本に来たそうだ。言葉も出来ないのに、何ともすごいことだなと思う。たまにそういう人がいる。友たちでもミュージシャンになりたい一心で、英語も喋れないのにギター一本を持ってアメリカに行ったやつがいる。ぼくからしたら二人ともすごい。

アルゼンチンの女性ドライバーは日本で、しかも車を運転する仕事につけたので、ゴミ清掃が大好きだという。もらったお給料から仕送りをして実家も喜んでいるという。

彼女は自分と家族のために働いている。

逃げる形でのダブルワークもあり

たとえば自分の働いている会社の理不尽な上司や環境を変えて行こうという姿勢を持つのも大事だが、それがこじれているようなら他に自分の能力が発揮できる場所を求めてもいいと思う。

それがダブルワークだ。

逃げる形でも構わないが、副業が本業を助ける、副業が本業を成長させるような働き方がいちばん望ましい。会社に不満を持っているのに、働くことに関して解釈もせずに、同僚と愚痴ばかりをいっているのでは楽しい未来が待っているとは思えない。それはそれで楽しいのかもしれないが、仕事が終わってまで会社の人間と建設的でない話をして居酒屋代を使うのならば、それを習い事に使ったり、異業種交流の参加費に当てたりするほうがいい。違う業界の人の話を聞き、興味があれば、自分がそこで働けるのか？　など情報を仕入れたほうが、まだ明るい未来が待っているように思える。

生まれつき実家が金持ちで、仕事が嫌だからやめようかというならば、別にやめればいいし、ぼくがとやかくいう問題でもないが、もし家族がいたり、この先を考えれば、どうしてもやめられない等の理由があるのならば、再度この本に戻ってきてほしい。

この本は、働くことに対して、気持ちが折れたときに読む本だ。

この本を読むということは、今やっている仕事に対し、何かしらの不満を抱えていることだろうと思う。

そんな人でも、間違いなく何かしらの可能性を必ず持っている。何ひとつ持っていないと思っていたぼくがこうやって今、本を書いている。良いか悪いか置いておいてこれもひとつの可能性である。

しかし、可能性は何かしらの行動を取った人のみに与えられる。

働き方を解釈して解決できるのならば、これから先も今の仕事に没頭すればいいし、もしそれができないのならばダブルワークで副業に頼るのもいいだろう。あなたという人間が人に迷惑をかけず、前向きに進むのであればどんな形でもいい。塞ぎ込む時期があっても、生きていれば勝手に進むのだからそれでいい。塞ぎ込んでばかりいたら疲れるので勝手に前を向くだろう。

さていよいよ最後の仕上げにかかりたい。

このように述べてきて、自分を振り返ると父親と一緒なんじゃないのかなとはたと気づいた。

お笑いコンビ、エルシャラカーニのしろうさんの経営するカレー屋さんで、食品ロスランチを計画しているのだが、誰にも求められていないのに自ら進んでやるというのは、病床の父親が意識の朦朧とするなかで仕事場に向かおうとするのを母親に止められていた光景とダブるものなのではないかと思い一瞬だけぞっとした。今、清掃員と芸人だけで十分、仕事量としては忙しいし、これ以上、自ら仕事を増やす必要がどこにあるのか？　と我に返った。

それは、ぼくも父親と同様、知らぬうちに、仕事という解かれぬ洗脳にかかっているといえるかもしれない。ぼくは労働という、姿が見えぬ謎の教祖の正体を追っていたが、じつはもうぼくは知らぬ間に、父親と同様、意識が朦朧となったら病床から何とか抜け出して仕事をしようとする人間になっているのではないかと思った。

ぼくはきっと病床から抜け出して仕事に向かう。

それは仕事という教祖に洗脳されているからとか仕事の奴隷だから、仕事に向かうということではなく、ぼくが仕事に向かう理由は、この本を通して、丸々一冊分、こうやって仕事と父親のことをずっと考えていたので、何となくその答えが見えてきた。

病床から抜け出し仕事に向かうという結果は同じでも、その理由は決してネガティブなものではなかった。

それは洗脳ではなく、楽しんでいたからこそ病床から抜け出し、仕事をしようとしていたのだ。

ということに気づいた。

意外と簡単なことで、すぐ目の前に答えが落ちていたのに、ずっと遠くを眺め、仕事の正体を見極めようと、追い求めていたような気がした。

どうやら洗脳されていたのはぼくの方だったのかもしれない。仕事というのは厳しいもの、つらいもの、大変なもので、それを必死に耐え、歯を食いしばることが家族のためだし、昔からの伝統、美徳であるという枠組みに、自ら入り込んで、溺れていたのかもしれない。

キャバクラ嬢の指をベロベロ舐めて楽しんでいる父親がつまらぬことを進んでやるはずがない。

病床から抜け出してもやりたいほど、仕事が楽しかったに違いない。

父親は死ぬ五年ほど前に道端で倒れたことがある。その何日か前、ぼくが見舞いに行くと病室にいなかった。探してみると病院の近くのコンビニの前で、スリッパを履きながら、タバコを吸って、カップの焼酎を飲んでいた。

病室にいないなんて看護師にいえば騒ぎになるので、どうせこんなことだろうと思い、ぼくひとりで探したが案の定すぐに見つかった。

「よぉ！」

「よぉ、じゃねぇんだよ。旅行じゃねぇんだから、何飲んでるんだよ？」

「タバコは我慢できるんだけれど、酒はどうしても我慢できねえよなぁ」

「タバコも吸ってんじゃねーかよ！」

「ガハハハ」

「笑い事じゃねーよ」と言いながら、ぼくもマイルドセブンに火をつけ、煙草に付き合った。

父親は、楽しいことなら、病院を抜け出してまでやる。たしかにそうだ。楽しくなければ義務だけで病床から抜け出そうとは思わない。むしろ、病気を理由にゆっくり休もうと思うのが普通の人間だと思う。銀行に二万しか入ってないから一生懸命働こうとしたという考え方もあるが（笑）。

しかしそれだけで仕事に向かおうとするならガッツのある若手のようで、それもまた笑ってしまう。

「いちから教えてやるからお前も不動産屋になれ」

小学校高学年の子どもに勧めるにはあまりにも渋すぎる職業である。その当時は、何をするのかもわからぬ職業だったから、話も聞かなかったが、この歳になるといろんなものに興味があるので、今になって聞いておけば良かったなと思うことがたまにある。

不動産屋の何が大変で、どの瞬間がいちばん楽しく、他の人にはわからない自分だけの醍醐味は何か？　なんて酒を飲みながら聞いてみたいような気がする。

なぜ働くのかと、なぜその仕事なのか？　ということを聞いてみたい。

父親に聞けなかった分、ぼくはゴミ清掃員として働くおじいちゃんによく聞く。

もうすでに八〇歳を超えた清掃員の小松さんに聞いてみた。

小松さんは定年を迎えたが、再びアルバイトとして再雇用され現役で働いている清掃員だ。粗大ゴミのタンスなど持ち上げるほど元気だ。

「小松さんって何で働いているんですか？」

「ん？　そりゃ、金欲しいもの」

「そうっすよね。やっぱり金のためですよね、働くのは」

「そりゃそうだよ、でももちろん金のために働いているんだけど、俺の周りのやつ見ていると、働かなくなった順に体を壊してるな。やっぱ人間働かなきゃダメなんだよ」

「へー、そういうもんなんですか」

働く理由はさまざまだ。さまざまに美しい。


本を通して、長い間、労働というワンテーマでここまで、お付き合いいただきまして、まことにありがとうございました。

この本を読んでくれたすべての方々の働く理由を聞きたいところです。

人間、毎日働くなかで誰しも光の射さない暗闇に紛れ込んでしまい、どこに行ったらいいのかわからなくなり、迷うときがあります。そのときはこの本を読み返して、少しでも前向きになれる言葉を拾っていただければ、それ以上、うれしいことはありません。

ぼくだって常々迷っています。

新型コロナウイルス感染拡大の中、高いリスクを背負ってゴミを回収しているときは、リモートワークのできないぼくらだけが、なんでこんな目に遭わなきゃいけないのか？と不満と不安を抱えながら従事してきた。仕事がなくなりゴミ清掃員を始めた人がいたり、芸人でアルバイトがなくなった人がいるのを見ると、感染リスクはあれど、仕事があるだけ感謝しなければならないなと自分の気持ちをあらためた。仕事の量が多くこれは大変だと不平不満をいっていたものの、何とか大変であればあるほど楽しいと思えるまで解釈ができるようになった。

人生ももちろんそうなのであろうが、こと仕事に関していちばん大切なことは、目の前のその困難をどう解釈するのか、に尽きる。

ないものを求めて苦しむのならば、あるもので楽しむ。もしそれでも求めるのならば、その機会を作る。

これは理解してもしなくてもかまわないが、ぼくらマシンガンズのような気がしてきた。ぼく、滝沢はあるものの中から選び、解釈をしてその場を楽しみ、相棒の西堀は、そこにないのならば発明して自分で作る。

最後の最後でわかりにくいたとえになってしまったが、それもまたぼくらしいので、あえて消さずに担当編集者に送信しようと思う。デヘへ……。

おわりに

『ゴミ清掃芸人の働き方解釈』を最後までお読みいただきまして、ありがとうございました。

いやー、勉強になった。

ライターの田中茂朗さん、労働、そしてぼくの知らないダブルワークの情報を教えていただきましてありがとうございました。

今回はぼくの考え方と田中さんのダブルワークについての考え方を掛け合わせたような形をインタビュー形式で取材していただき、まとめていただいた共作となりました。

個人的にもまだまだ世の中に知らないことがあるなと不勉強を恥じつつ、しかし落ち込むことなくひとつ賢くなったと前向きに捉え、あとがきを書かせていただきます。

ここで最後にもう一度、労働についておさらいをしたい。しつこいですが、お付き合いください。

社会に出てからずっとぼくは、人はなぜ働かなければならないのか？　という問いを何度も繰り返してきた。いや、高校生の頃から、アルバイトに出かける時間になると、今からやるであろう労働を想像し、嫌だなと思いながら似たような問いを独りごちた記憶がある。

誰だって労働は嫌だ。

嫌だけれども、ご飯を食べるために働く。学生の頃はご飯は両親が稼いできてくれるので、わざわざ働く意味はない。ではその時になぜ働いていたのかというと、音楽が好きだったからCDを買うために働いていた。いわゆるお小遣い稼ぎだ。

欲しいものがあるから働く。

では自己実現のために労働というものはあるのだろうか？

それも働くひとつの理由だと思う。

人はパンのためだけに働くのか？　という言葉をどこかで聞いたことがある（これもずいぶん若い頃に聞いた）。ある程度大人になった時にぼくはきっちり調べた。

どうやら聖書の中に出てくる言葉らしい。

――人はパンのみにて生くるにあらず――

簡単に言うと人間は物質的な満足だけでは生きていけず、精神的な充実感が必要だということを言っているらしい。

なるほど、なるほど。それはひとつあるかもしれない。ではその精神的な充実感をどこに求めればいいのだろう？

まずは生きるためにお腹を満たさなければいけない。それが人の本能で、ぼくは学生時代、恐ろしいほどの貧乏を経験したことがあるが、空腹の苦しさは他に代えがたいほどの苦しみである。もうひとつはお金のない苦しみだが、金がないと腹を満たせない、水が飲めない、家から追い出される等の生命の危険にさらされるので、本質的には近いものがある。ただ空腹というのはお金のない苦しみよりももっと直接的な生命維持に対しての危険信号が発せられている。

ということはこの時点ではパンを食べることが『夢』なのである。

ただ人間というのは、悲しいかな、パンを手に入れて食べて満足して幸せだなと感じるが、また数時間後にはお腹が空いてパンを欲する。パンを手に入れるには働かなければならない。そしてまたパンを手に入れて食べるが、ここで問題が生じる。皆さんも心当たりがあると思うが、手に入れたパンは『夢』だったのにいざ手に入って食べるとその『夢』もこんな程度のものだったかと残念に思う。一回目の夢より強度が弱くなっている。

夢というのは重ねれば重ねる程、だんだん満足しなくなってくるようになる。するとパンにジャムをつけてみたいと思い、さらなる労働が求められる。ここが複雑なのは奥さんがジャムをつけてみたいと言う場合もある。俺はいらないのにジャムつけなきゃだめかな？　と心で思うがジャムをつけるために労働の時間を増やす。また奥さんが隣の人が持っているジャムを塗るのに便利なバターナイフみたいなものがあると言うのを聞くとうちも欲しいとなる。奥さんじゃなくても男の人が世間を歩いていればイチゴジャムだけではなくレモンのジャムが世間にあるというのを知る。人間の欲望は果てしないものでレモンのジャムも一度食べてみたいと思う。奥さんに食べさせたいと思う。これがざっくり言うとお腹を満たすためだけではなく、豊かに暮らす艶のある生活である。ここには精神的な充実もかかってくるだろう。

こうなってくると今までしていた労働よりも少しだけ過酷な労働が強いられる。その時にふと我に返る。

「レモンジャム食ったからってなんだろう？　うまかったけれども……、俺はレモンジャムを食べるために生まれてきたのか？」

彼は果たしていざ手に入れた『夢』はそんな大したことなかったという病魔に襲われる。

「レモンジャムを食べるために働いてきたが、この仕事は本当は好きではなかった。好きな仕事をやろう」

彼は好きな仕事をやろうと東西南北さまざまな仕事を見てきたが、好きになれるものはなかった。

「どうしよう？　人生が終わってしまう……」

たとえ好きなものを見つけたとしてもそこでまた問題が生まれる。

ぼくは好きなお笑いを仕事にしようとした。少ないけれどもお笑いで舞台に立ってお金をもらう。しかし一カ月食べられる程のお金はもらえない。ここで金のない苦しみが生まれてくる。

「しゃあねえな、アルバイトやるか」

ダブルワークの始まりである。好きなお笑いをやりながら、パンのためにやりたくない仕事をする。

　本文でも触れていた通りゴミ清掃の仕事は本当はやりたくなかった仕事である。しかし三年目、イヤイヤやっていても仕方がないなと思い本気でこの仕事のことを全て知ってみようと思いゴミ清掃という職業に真剣に従事することにした。

　実はぼくは小説も書いている。しかしこれは今のところ、一銭のお金にもなっていない。一銭にもなっていないので色々な小説家の先生のお話を聞いたり、対話させてもらったりしている中にこんなアドバイスがあり、ぼくは感銘を受けた。

「純文学だろうが、スポ根だろうが、恋愛ものだろうが、ＳＦだろうが、実は何だっていいんだよ。要はスポ根を書く中に自分という人間を表現すればいいし、ＳＦものの中で自分を表現すればいい。純文学にこだわって純文学の形に合わせようとしているそれはきっとあなたではない」

　ぼくは矢で射貫かれた程の衝撃を受けた。マジで図星だった。自分の理想の方へ理想の方へ傾こうと進んでいるその先には、窮屈な世界が待っていることを本当は知っていた。俺の好きなものはこれだと思い込んでいたが心のどこかで本当に好きなのかという懐疑的な気持ちがあった。

つまりぼくはこういうことが言いたい。

——何をやったってあなたがやることならば、それでいい——

いや、人に迷惑をかけちゃだめだよ。

ぼくが言っているのは本文で語った通りのセレンディピティの力をいかにつけるかということである。

右に行ったら右の楽しさをそこで得て、左に行ったら左の楽しさをそこで得ようとする力が生きる力、つまりセレンディピティ力だとぼくは思っている。

簡単に言うと、セレンディピティ力＝生きる力だと思っている。

豊臣秀吉だって信長のわらじを温めるために特化した人だったわけではないと思うのです。与えられた中で何ができるかと考えた末に信長のわらじを温めた結果、それが認められて違う仕事を与えられ出世したとぼくは解釈している。きっと秀吉は信長にわらじを温める専門の人として、雇われたらそれはそれで飛び抜けた温め方をしてきっと伝説の温め屋になっていると思う。結局は何をやっても秀吉は成功しただろう。出来ることはないかと楽しんでいたと思うんっスよね。

ぼくもそんな生き方をしたい。

この本を読んでくれた方々、参考になったか、ならなかったか分かりませんが、ひとつでも何か取り入れようとするものがあったら、皆さんにとって有意義なものになり、今よりもっと精神的な豊かさを味わいながら、ご家族や同僚に少しでも分け与えられるような余裕が生まれることを心より願っております。

本当にありがとうございました！

参考文献

青木新門著『納棺夫日記　増補改訂版』（文春文庫）
チェ・ゲバラ著『ゲバラ日記』（角川文庫）
長井鞠子著『情熱とノイズが人を動かす』（朝日新聞出版）
中上健次著『岬』（文春文庫）
高橋恭介著『人が辞めない会社がやっている「すごい」人事評価』（アスコム）
小林秀雄著『ゴッホの手紙』（新潮文庫）
郭洋春著『国家戦略特区の正体』（集英社新書）

滝沢秀一《たきざわ しゅういち》

ゴミ清掃員、お笑い芸人。一九七六年、東京都出身。九八年、西堀亮とお笑いコンビ「マシンガンズ」を結成。定収入を得るためにゴミ清掃会社に就職。ゴミ清掃・収集中の体験や発見を投稿するSNSやYouTube「たきざわゴミ研究所」が人気を博す。小説家、文筆家としての顔ももつ。著書に『ゴミ清掃員の日常』（講談社）、『かごめかごめ』（双葉文庫）などがある。

田中茂朗《たなか しげお》

ライター。一九六二年、東京都出身。立教大学経済学部卒業。一九八〇年代よりフリーで執筆活動を開始。編集協力として参加した作品に『伝える極意』（長井鞠子／集英社新書）などがある。

インターナショナル新書〇七五

ゴミ清掃芸人《せいそうげいにん》の働《はたら》き方《かた》解釈《かいしゃく》

二〇二一年六月一二日　第一刷発行

著　者　滝沢秀一《たきざわしゅういち》／田中茂朗《たなかしげお》
発行者　岩瀬　朗
発行所　株式会社　集英社インターナショナル
〒一〇一-〇〇六四　東京都千代田区神田猿楽町一-五-一八
電話　〇三-五二一一-二六三〇
発売所　株式会社　集英社
〒一〇一-八〇五〇　東京都千代田区一ッ橋二-五-一〇
電話　〇三-三二三〇-六〇八〇（読者係）
〇三-三二三〇-六三九三（販売部）書店専用
装　幀　アルビレオ
印刷所　大日本印刷株式会社
製本所　加藤製本株式会社

ISBN978-4-7976-8075-1　C0295

インターナショナル新書

072
ランボーはなぜ詩を棄てたのか
奥本大三郎

一九世紀フランスの天才詩人アルチュール・ランボー。二〇歳で詩作を棄てるまでの半生を、著者による詩の新訳とともに追う。そして難解な散文詩「イリュミナシオン」から「詩を棄てた理由」を読み解く、意欲作。

073
あなたの隣の精神疾患
春日武彦

身近な精神疾患の数々と、その対応法が理解できる入門書！　双極性障害や統合失調症から、承認欲求や共依存などまでを、興味深いエピソードを交えて解説する。周囲と自分の生きやすさに繋がる一冊。

074
ルポ　日本のＤＸ最前線
酒井真弓

日本再生の鍵と言われる〝ＤＸ（デジタルトランスフォーメーション）〟。その実態とは？　官民の枠を超えて「ＤＸの最前線」に立っている人々を取材。その足跡から「真のデジタル化」への道筋を探る。

076
明治の説得王・末松謙澄
言葉で日露戦争を勝利に導いた男
山口謠司

文章で日本を創り、日本を守った男、末松謙澄。大日本帝国憲法を起草し、渡欧して黄禍論に立ち向かうなど世界を舞台に活躍し、日本を近代化に導いた知られざる明治の大知識人の足跡を辿る。